图解世界地理

QIAO LIANG ZHUANG MEI DA QUAN JING

赵喜臣◎编著

桥梁壮美大全景

吉林出版集团股份有限公司｜全国百佳图书出版单位

前言
PREFACE

　　世界地理是我们全面认识地球的一个重要窗口。地球是我们人类赖以生存的摇篮，为我们创造了许许多多的绝妙景色，可谓美不胜收，那么我们从哪里着眼看起呢？怎样才能看得更加全面和认识得更加深刻呢？

　　河流是地球陆地表面上经常或间歇有水流动的线形成天然水道，是地球的血脉。河流较大的称江、河、川、水，较小的称溪、涧、沟、曲等。每条河流都有河源和河口，而河源是河流的发源地，有的是泉水，有的是湖泊、沼泽或是冰川，各条河的河源情况虽然不一样，但都是河流的生命之源；河口是河流的终点，或流入海洋，或流入干河、湖泊或沼泽等地方。

　　河流无论起源哪里，还是流到哪里，都是展开的浓墨重彩的画卷，或者滚滚波涛激起汹涌奔腾的壮丽大河，或者碧波青青汇成千里如镜的秀美湖泊，或者湍湍激流荡起倾泻而下的飞流瀑布，都给我们如诗如画的美感。

　　无论是巍峨挺拔、连绵起伏的山脉，还是高耸入云、白雪皑皑的山峰，或者是深不可测、万壑千岩的山谷，都充满了阳刚之美，都能给我们气势磅礴的震撼。

　　在地球的表面，高低起伏悬殊，形态变化多端，表现出自然的大美之景：澄澈干净、千年结成的冰川；烈焰喷射、熔岩滚流

的火山；茫茫戈壁、广袤无垠的沙漠；碧野千里、芳草连天的草原；古木参天、层林尽染的森林，等等。

总之，地球是我们人类赖以生存的摇篮，我们每天享受着地球所孕育的一切，然而又有谁能够清楚地知道地球究竟是什么样子呢？整个地球可谓是千姿百态，绝妙之美，使我们对地球感到既熟悉又陌生，我们须漫游地球，重新认识地球。

地球可谓是个大花园，除了自然地理之美外，还有人文地理之美，这就更是具有深沉意义之美了。我们人类生活在地球之上，除了享受地球带给我们的美，我们也创造了许许多多的美，包括建筑、名胜和古迹等具有人文内涵的美，使得自然地理和人类社会更加丰富多彩。

世界地理从自然到人文，所蕴藏的奥妙与绝美，简直是不胜枚举。从地表到地核，从沙漠到海洋，从高山到河流，真是无奇不有，美丽无限。

为了普及科学知识，激励广大读者认识和探索地球无穷魅力，根据中外最新研究成果，特别编辑了本套丛书，主要包括世界自然河流、湖泊、瀑布、冰川、火山、沙漠、草原、森林、物种等，还包括具有人文意蕴的桥梁、建筑、名胜、古迹、古堡、古城、古墓等方面的内容，具有很强的系统性、科学性、可读性和新奇性。

目 录
CONTENTS

最完美的跨海大桥

杭州湾跨海大桥小档案

位置：中国·杭州湾海域

建桥时间：2003年至2007年6月26日兴建，2008年投入使用

主要数据：全长36千米，工程总投资约118亿元。该跨海大桥按双向六车道高速公路设计，设计时速100千米，设计使用寿命100年以上，建成后将缩短宁波至上海间的陆路距离120千米。

杭州湾跨海大桥是世界上最长的跨海大桥，是世界上最宏伟的人工建筑之一。杭州湾大桥以西湖苏堤"长桥卧波"为设计理

念，引入景观设计，在海上面设计了4个转折点。俯瞰，整座大桥平面为"S"形的曲线，线形优美，生动活泼；侧看，大桥则起伏跌宕，似偃龙伏虎的画卷。杭州湾跨海大桥绝对可以堪称世上最完美的跨海大桥。

所用钢量等于再造7个鸟巢

杭州湾跨海大桥全线贯通。这座世界上最长的跨海大桥北起浙江嘉兴海盐县，南至浙江宁波慈溪市，全长36千米，横跨整个杭州湾。

走在杭州湾跨海大桥上，给人印象最深的就是一个字——大。这座大桥究竟有多大？我们可以来看一组数字：杭州湾跨海大桥的混凝土用量达到了245万立方米，相当于再造八个国家大剧院，它的用钢量达到了80万吨，相当于再造七个鸟巢；工程的总投资额约118亿元人民币，是国内有史以来投资额最大的桥梁。

工程量和技术难度如此大的桥梁，在我国桥梁建造的历史上

还从没出现过，然而，这个世界之最的诞生却只用了三年零七个月的时间。

世界独创技术

大桥的灯光系统分照明和景观两部分，光路灯就有1844盏，平均每42米就有一盏。每盏灯都装有智能控制模块，这是一项世界独创技术，使得管理人员可通过终端系统根据大桥实际车流量及时调整路灯亮度和路灯开启密度。

大桥安排了4种不同类型的景观灯。第一种是景观轮廓灯，主要分布在南北引桥，每套灯间隔8米，分别绵延2千米；第二种是斜拉索投光灯，主要分布在南北航道桥，考虑到行车安全，投光灯统一为单一白色光；第三种是桥塔照明灯，用来显示桥塔夜间轮廓，三座索塔共设置了130套投光灯；第四种是航道桥梁夜灯，分别装在桥梁两侧，都是功率为150瓦的白色泛光灯，共有574套。

　　从南至北，大桥的护栏颜色依次呈现赤、橙、黄、绿、青、蓝、紫，约5千米就换一种颜色，这主要是出于增加安全系数的考虑，以防止司机在行驶过程中产生视觉疲劳。

拓 展 阅 读

　　杭州湾跨海大桥是世界上最典型的海湾大桥，由于海湾水文情况复杂、潮差大、潮流急、风浪大、冲刷深，它也是世界上工程难度最大的桥梁之一。

桥梁中的珠穆朗玛峰

苏通长江公路大桥小档案

位置：中国、江苏、长江

建桥时间：工程开始于2003年，于2008年建成通车

主要数据：总长8206米，主桥长约1088米，北岸接线工程总长约15.1千米，南岸接线工程总长约9.1千米

苏通大桥位于江苏省东南部，连接南通和苏州两市，西距江阴长江公路大桥82千米、东距长江入海口108千米。苏通大桥北岸连盐通高速公路、宁通高速公路、通启高速公路，南岸连苏嘉杭高速公路、沿江高速公路。

创造四项世界之最

苏通长江公路大桥的建设创造和打破了世界纪录协会多项世界纪录。其中包括：

斜拉桥最大跨度，苏通大桥跨径为1088米，是当今世界跨径第二大的斜拉桥；

最深基础：苏通大桥主墩基础由131根长约120米、直径2.5米至2.8米的群桩组成，承台长114米、宽48米，面积有一个足球场大，是在40米水深以下厚达300米的软土地基上建起来的，是世

界上规模最大、入土最深的群桩基础；

最高桥塔：原先世界上已建成的最高桥塔为日本明石海峡大桥297米高的桥塔，苏通大桥采用高300.4米的混凝土桥塔，为世界第二高桥桥塔；最长拉索，苏通大桥最长斜拉索长达577米，比日本多多罗大桥斜拉索长100米，为世界上最长的斜拉索。

苏通大桥的建成是中国由"桥梁建设大国"向"桥梁建设强国"转变的标志性建筑。长江上迄今已建有165座大桥。

除武汉、南京等老桥外，皆为近30年所建。近期的江阴大桥，为世界第四大跨径悬索

桥，润扬大桥为世界第三大悬索桥。而雄伟的苏通大桥，则为长江上第165座大桥。

虽时间上绝非最后一座，但空间上却是江尾最末一座。

由于地质条件比江阴、润扬两桥更复杂，不可能采用悬索，而只能用拉索。

这座投资64.5亿的大桥，是当今世界最大跨径的双塔拉索桥。其艰巨的工程，浩大的规模，高精的技术，加上所创四项"世界之最"的纪录，使它代表着中国乃至世界桥梁建设的最高水平，被称作世界桥梁的珠穆朗玛峰。

著名美国国家地理杂志，以《无与伦比的工程》为题，对苏通大桥作了专访与报导，苏通大桥堪称"天下第一桥"。

2010年3月26日，在美国土木工程协会（ASCE）举行的2010

年度颁奖大会上，苏通大桥工程获得2010年度土木工程杰出成就奖，这也是中国工程项目首次获此殊荣。

拓 展 阅 读

苏通大桥的建设成功克服了长江天险带来的气象条件差、水文条件复杂、基岩埋藏深、通航密度高等四项建设条件挑战，创造了1088米斜拉桥最大跨径、300.4米最高桥塔、577米最长斜拉索和131根长117米、直径2.5~2.8米主墩构成的最大群桩基础等四项世界第一。

013

最长的两用悬索桥

青马大桥小档案

位置：中国、香港

建桥时间：1992年5月兴建，1997年开放通车

主要数据：青马大桥桥身长2.2千米，主跨长度1377米，离海面高62米。其混凝土桥塔高206米，结构钢重量高达4万9千吨，造价71.44亿港元

青马大桥自1992年5月起开始兴建，历时五年竣工，1997年

5月投入服务，与另一条跨海吊桥——汲水门大桥，共同组成青屿干线的一部分。占赤蜡角机场"机场核心计划"1553亿港元成本的5%。

香港的标志性建筑

青马大桥是为了赤蜡角机场而建的十大核心工程之一，可算是世界级建筑，它横跨青衣岛及马湾，全长2160公尺，主桥跨度也达1377米，两座吊塔，每座高206米，离海面62米，是全世界最长的行车、铁路两用吊桥。1992年，青马大桥开始建造，仅以五年时间完成，称得上是同类建筑中花时间最短的大桥。它与连接马湾、大屿山的汲水门大桥一起，像两道彩虹，成为香港新的观光景点。它壮观恢宏的气势完全超越了美国的金门大桥。

立青屿干线访客中心

青马大桥是香港的一个重要地标和景点，吸引了世界各地的游客参观。为应付游客，政府在青衣西北部设立青屿干线访客中心及观景台。访客中心有大桥模型、相片和互动游戏；从螺旋式的小路绕圆柱形的观景台而上，游人便可以较近距离或高角度观赏风景，可远眺青马大桥、汲水门大桥及汀九桥，设有行人天桥

连接访客中心与停车场。访客中心及观景台于1997年随青屿干线通车对外开放，最初由新机场工程统筹署负责管理及运作。该署于1998年解散后，访客中心交由民政事务总署葵青民政事务处负责管理。

在登上观景台的步道旁，耸立着最能象征大桥精神的两座纪念物——迴绕缆绳用高塔及主缆截取下来的断面。千万别小看这两座纪念物，当年为了架起支撑桥面的主缆，就靠这矗立于两岸的高塔，一圈又一圈地、像绕绳圈般地绕成直径1.1米，长1.6万千米的巨大缆绳，大桥所使用的细缆长度，足足可以绕地球四周。

从观景台上远眺青马大桥，可见识它的恢宏气势，氤氲中的生硬钢铁结构，象征着人类工程的伟大；从观景台的另一端，可以观赏另一座大桥——"汀九大桥"，黄色缆线的汀九大桥，肩

负着疏通香港岛到新界之间的交通，鲜艳的黄在白天抢走不少青马大桥的风采，而且事实上，汀九大桥也比较上镜。

拓展阅读

青马大桥是世界上第一个采用GPS技术用于大桥监测的项目，GPS在结构健康监测和高精度定位项目中的作用日渐显著。对大桥动态进行连续监测，是有效保证结构安全和交通安全的重要手段。

连接港澳的跨海大桥

珠港澳大桥小档案

位置：中国珠江三角洲

建桥时间：于2009年12月15日开工建设，预计2015年至2016年建成通车

主要数据：全长49.968千米，大桥跨海域35.578千米，其中包含6千米长的海底隧道

在2005年3月8日，港珠澳大桥可行性方案完成，并提交港、珠、澳政府。2007年1月9日，由国家发改委牵头，成立了"港珠澳大桥专责小组"，该小组的成员单位是交通部、国务院港澳事务办公室、广东省人民政府、香港特别行政区政府和澳门特别行政区政府。2008年3月9日，有关港珠澳大桥建设中待解的25个专题，完成21个。2008年3月10日，国家发改委公布港珠澳大桥采用单"Y"结构。2008年4月10日，港珠澳大桥野外勘探工作结束。2009年12月15日，珠港澳大桥开工建设，预计2015年至2016年建成通车。

一座大桥，三地收益

营造同振共荣珠三角快速经济圈一直是珠三角与港澳之间多

年的梦想。在新的珠港澳大桥规划中，一旦大桥建成，在路桥交通网络规划建设的牵引作用下，粤港澳周边100多个城镇将纳入同一个三小时车程辐射圈内。届时150亿港元的大桥投资将使广州、香港、珠海三地之间的车程都大大缩短。一桥横贯东西，连贯三地，推动珠港澳大桥的内在动力就是珠三角都市经济圈的增长需求。与长三角的"两小时经济圈"有异曲同工之妙，珠三角梦想着在大桥建成之后，成功打造一个"三小时经济圈"。

从另一角度来讲，珠江入海口公路网链缺口是造成珠江西岸在引进外资方面明显落后的主要原因，可以相信如果以公、铁路桥或隧道连接两岸，构造一个完整的道路网，给大珠江三角洲带来的经济效益是十分明显的。

　　大桥建成后首先会提升珠海股市楼市，港珠澳大桥将令珠海变成一个区域性枢纽城市，其城市的地位、经济水平将会得到快速发展，而珠海的地产将是最直接的受益板块。从传出港珠澳大桥动工的消息开始，珠海的地产股成为最直接受益板块，而珠海的房价更是一路飙升。对香港而言，香港物流重获新生，港珠澳大桥的兴建无疑将香港和珠三角拉近了距离，同时香港的辐射能力也将从粤西延伸到内地！随着港珠澳大桥的贯通，香港物流业将焕发新的生命力。对于澳门而言，澳门将会降低交通成本，港珠澳大桥的建设使港澳之间出现了第一条陆路快速通道，这比以往的两地陆路交通减少2/3的交通成本，意味着澳门将进入整个港珠澳的一小时经济圈。

集现代科技于一身

　　举世瞩目的珠港澳大桥的建设，可谓吸取了当代高科技成果。其中，离岸人工岛将可以抗衡300年一遇的特大洪潮；长达

6648米的海底隧道，其最深处距离海平面有40米；使用寿命可以达到120年，并且可以抗8级地震，16级台风，30万吨巨轮的撞击；大桥上还设有海上救援平台，如果在海底隧道内发生事故，救援团队可以在三分钟内到达出事地点，而桥面上发生事故，在5分钟至7分钟内也能到达；海底隧道中间还设有通风管道；每隔90米就有一个互通的逃生通道，隧道所使用的材料密封、抗水、耐久、抗震，真正做到了万无一失。

施工虽难，亮点颇多

港珠澳大桥于2009年12月15日动工建设。其跨海逾35千米，相当于9座深圳湾公路大桥，成为世界上最长的跨海大桥；大桥将建6千米多长的海底隧道，施工难度居世界第一。

即便如此，港珠澳大桥仍然具备四个亮点，据大桥工程可行性研究报告指出，港珠澳大桥将计划单列5000万元作为景观工程

费，珠江口将增添一道令世人叹为观止的亮丽风景线！

　　首先，"中转站"也是"艺术品"，大桥工程将分别在珠江口伶仃洋海域南北两侧，通过填海建造2个人工岛，人工岛间将通过海底隧道予以连接，隧道、桥梁间通过人工岛完美结合，同时，两者之间的转换，还采取了点、线、面相结合的方式，既是"中转站"，又是"艺术品"。

　　其次，斜拉桥索塔造型像钻石，在港珠澳大桥主桥净跨幅度最大的青洲航道区段，大桥工程可行性研究报告推荐采用主跨"双塔双索面钢箱梁斜拉桥"，这将成为大桥主桥型最突出的外貌，该斜拉桥的整体造型及断面形式除满足抗风、抗震等高要求外，还将充分考虑景观效果，采用钻石型索塔，总高170.69米。

第三，人工岛设平台观赏海景，根据港珠澳大桥工程可行性报告要求，人工岛将成为集交通、管理、服务、救援和观光功能于一体的综合运营中心，除了岛上构筑物的造型美观外，还将重视岛区范围内的绿化工程，在海景较美的地方设置观景平台。

此外，珠海作为中国有名的蚝贝类产销基地，人工岛设计也有望采取蚝壳的特色造型。同时，大桥隧道出入口亦将进行景观美化。

最后，设立白海豚观赏区，港珠澳大桥将穿越中华白海豚保护区，为提高游客对白海豚的保护意识，大桥离岸人工岛或沿线适当的地方，有望在面向白海豚繁殖区的区域设白海豚雕塑，或者将白海豚形象在大桥工程部分造型中得以体现，并设立白海豚观赏景区。

拓 展 阅 读

珠澳口岸人工岛东西宽930至960米，南北总长8000多米，填海造地总面积217.56万平方米.香港口岸、珠澳口岸及隧道人工岛在内的大桥四个人工岛，地面标高设计为5米；大桥两个口岸人工岛设计由口岸用地范围线（即口岸围网设置位置）至海堤顶外侧预留宽度为25米，包括海堤宽度、海堤和场地地基处理过度带

跨越厦门的钢铁巨龙

海沧大桥小档案

位置：中国、厦门、厦门海域

建桥时间：于1996年开始建设，1999年投入使用

主要数据：全长5926.527米，主桥长648米。建设宽度36.6米，双向六车道，通行能力为每日五万辆次，并获得2008年第七届"中国土木工程詹天佑奖"

厦门海沧大桥是世界第二、亚洲第一座特大型三跨连续全漂浮钢箱梁悬浮桥，也是厦门市历史上投资最大的交通工程项目，工程总投资28.7亿元人民币。海沧大桥工程于1996年12月18日破土动工，主体工程于1997年6月份正式开工建设，全桥于1999年12月30日顺利通车。

中国式技术与艺术的结晶

在福建省厦门市内的厦门海沧大桥是我国第四座大跨径钢箱梁悬索桥，是我国第一座特大型三跨吊钢箱梁悬索桥，悬吊结构在国内首次采用不设竖向塔支座的全漂浮连续结构，为世界上第二座采用此种结构的大型悬索桥。

时任总书记江泽民题写的"海沧大桥"桥名，光彩夺目。大

桥凌空飞架，俊美飘逸，银灰色的桥身，与蓝天、碧海、红花、绿树融为一体，宛如一道飞虹，又似一条银龙，盘旋在厦门的西海上，成为厦门腾飞的巨翼。

该桥位于厦门市西港中部，西起海沧开发区马青公路，跨越厦门西海域并穿过火烧屿后接厦门本岛仙岳路，是厦门岛的第二条对外通道。

海沧大桥不仅是厦门与外界联系的又一重要通道，更是现代化厦门的重要标志，同时也是厦门新兴的旅游景点，其优美流畅的桥梁造型、轻巧独特的锚、塔结构、与周围环境协调一致的桥梁色彩，轻柔的夜景效果等，都与厦门这座现代化国际性港口风景旅游城市相适应。

海沧大桥景区的设置充满了人性的光辉，海中央的西锚锭内巍然耸立着青少年科技馆和27万平方米的火烧屿生态乐园连成一

片，这是中国第一个由无人居住的海岛开发成的旅游景区，自然界的许多奇妙景象不再是神奇的科幻，变成了伸手可触的模拟。孩子们新奇的目光插上想象的翅膀，在这个奇幻的世界中把想象变为现实；大人们逃离现实的压力，从喧嚣的城市来到这里放松紧绷的神经。

值得一提的是，海沧大桥是由我国自行设计、自行建设的，且大部分材料都是国内生产。它的建成，代表着本世纪中国建桥水平的最高成就。海沧大桥是亚洲第一、世界第二（仅次于丹麦）的三跨连续全漂浮钢箱梁悬索桥。

东渡飞虹

说到海沧大桥，我们不得不提的就是"东渡飞虹"，这个有着神话色彩名字的地方是以海沧大桥为中心，由大桥东岸景观游

览区、火烧屿生态游乐园、太平山庄休闲度假区共同组成。

东渡飞虹有独特的优越环境，它处于厦门西海的中枢，南有鼓浪屿、大屿、猴屿、兔屿，北有镜台屿、猫屿、宝珠屿，下有火烧屿，远处有青屿、浯屿和担屿。

无论在牛头山顶、火烧屿观景塔、太平山别墅天台，还是在海沧大桥上，翘首北望，只见五条山脊，如五条巨龙，呼啸腾跃而来，交会于宝珠屿，形成"五龙夺珠"的非凡气势，形成人气旺、财源盛的聚宝盆。

举目南望，如珍珠般的岛屿撒在翡翠碧玉盘里，依偎在厦门的怀抱，它们与厦门岛一样，创造了辉煌的历史，创造了无穷的财富。

目光所及，那林立的高楼、锚泊的巨轮、进出港的飞机，连同沸腾的国道、翠绿的西堤、锦绣的白鹭洲、繁忙的东渡海沧港……共同织成了厦门的繁荣和富裕。

拓展阅读

海沧大桥为三跨连续全飘浮钢箱梁悬索桥，全长约6000米，主桥3140米，主跨648米。大桥有140米高的双塔，上架两根主缆，主缆由99股1万多根钢线组成，由吊杆把主缆和钢箱梁拉住，钢箱梁距离海面55米，5万吨巨轮可自由通航。

现存最早的石拱桥

赵州桥小档案

位置：中国、河北、赵县

建桥时间：建于公元605年，距今1400多年

主要数据：桥长50.82米，跨径37.02米，主拱高7.23米，两端宽9.6米，中间略窄（宽9米）

赵州桥，又名安济桥，位于河北赵县洨河上，它是世界上现存最早、保存最好的石拱桥。赵州桥是入选世界纪录协会世界最早的敞肩石拱桥，创造了世界之最。赵州桥桥长50.82米，跨径37.02米，主拱高7.23米，两端宽9.6米，中间略窄，宽9米。因桥两端肩部各有两个小孔，不是实的，故称敞肩型，这是世界造桥史的一个创造（没有小拱的称为满肩或头肩型）。唐朝的张鷟说，远望这座桥就像"初月出云，长虹饮涧"。

能够存在1400多年就说明了一切

赵州桥建于公元605年，距今1400多年，经历了10次水灾，8次战乱和多次地震，特别是1966年3月8日邢台发生7.6级地震，赵州桥距离震中仅有40多千米，都没有被破坏，著名桥梁专家茅以升说，先不管桥的内部结构，仅就它能够存在1400多年就说明了

一切。1963年的水灾大水淹到桥拱的龙嘴处，据当地的老人说，站在桥上都能感觉到桥身很大的晃动。据记载，赵州桥自建成至今共修缮了9次。

桥梁史上璀璨明珠的创新设计

圆弧拱形式设计：普通石桥所采用的半圆形拱用于跨度比较小的桥梁比较合适，而大跨度的桥梁选用半圆形拱，就会使拱顶很高，造成桥高坡陡、车马行人过桥非常不便。另外，半圆形拱石砌石用的脚手架就会很高，增加施工的危险性。

为此，李春和工匠们一起创造性地采用了圆弧拱形式，使石拱高度大大降低。赵州桥的主孔净跨度为37.02米，而拱高只有7.23米，拱高和跨度之比为1:5左右，这样就实现了低桥面和大跨度的双重目的，桥面过渡平稳，车辆行人通行非常方便，而且还具有用料省、施工方便等优点。当然圆弧形拱对两端桥基的推力

相应增大，近而对桥基的施工提出更高的要求。

采用敞肩：这是李春对拱肩进行的重大改进，把已往桥梁建筑中采用的实肩拱改为敞肩拱，即在大拱两端各设两个小拱，靠近大拱脚的小拱净跨为3.8米，另一小拱的净跨为2.8米。

这种大拱加小拱的敞肩拱具有优异的技术性能，首先，可以增加泄洪能力，减轻拱在洪水季节由于水量增加而产生的洪水对桥的冲击力。

古代洨河每逢汛期，水势较大，对桥的泄洪能力是个考验，四个小拱就可以分担部分洪流。据计算四个小拱增加过水面积16%左右，大大降低洪水对大桥的影响，提高了桥的安全性。

其次，敞肩拱比实肩拱节省大量土石材料，可减轻桥身的自重。据计算四个小拱可以节省石料26立方米，减轻自身重量700吨，从而减少桥身对桥台和桥基的垂直压力和水平推力，增加桥梁的稳固性。

第三、增加了造型的优美性，四个小拱均衡对称，大拱与小拱构成一幅完整的图画，显得更加轻巧秀丽，体现了建筑和艺术的完整统一。

第四、符合结构力学理论，敞肩拱式结构在承载时使桥梁处于有利的状况，可减少主拱圈的变形，提高了桥梁的承载力和稳定性。

采用单孔：中国古代的传统建筑方法，一般比较长的桥梁往往采用多孔形式，这样每孔的跨度小、坡度平缓，便于修建。但是多孔桥也有缺点，如桥墩多，既不利于舟船航行，也妨碍洪水宣泄；桥墩长期受水流冲击、侵蚀，天长日久容易塌毁。

因此，李春在设计大桥的时候，采取了单孔长跨的形式，河心不立桥墩，使石拱跨径长达37米之多。这是中国桥梁史上的空前创举。

中国工程界一绝

　　"券"小于半圆：中国习惯上把弧形的桥洞、门洞之类的建筑叫做"券"。一般石桥的券，大都是半圆形。但赵州桥跨度很大，从这一头到那一头有37.04米。

　　如果把券修成半圆形，那桥洞就要高18.52米。这样车马行人过桥，就好比越过一座小山，非常费劲。赵州桥的券是小于半圆的一段弧，这既降低了桥的高度，减少了修桥的石料与人工，又使桥体非常美观，很像天上的长虹。

　　"撞"空而不实：券的两肩叫"撞"。一般石桥的撞都用石料砌实，但赵州桥的撞没有砌实，而是在券的两肩各砌两个弧形的小券。这样桥体增加了四个小券，大约节省了26立方米石料，使桥的重量减轻了大约700吨。而且，当洨河涨水时，一部分水可以从小券往下流，既可以使水流畅通，又减少了洪水对桥的冲击，保证了桥的安全。

　　洞砌并列式：它用二十八道小券并列成9.6米宽的大券。可是用并列式砌，各道窄券的石块间没有相互联系，不如纵列式坚固。为了弥补这个缺点，建造赵州桥时，在各道窄券的石块之间加了铁钉，使它们连成了整体。用并列式修造的窄券，即使坏了一个，也不会牵动全局，修补起来容易，而且在修桥时也不影响桥上交通。

拓 展 阅 读

　　1979年5月，由中国科学院自然史组等四个单位组成联合调查组，对赵州桥的桥基进行了调查，自重为2800吨的赵州桥，而它的根基只是有五层石条砌成高1.55米的桥台，直接建在自然砂石上。这么浅的桥基简直令人难以置信。

柳州 "四绝" 之一

程阳风雨桥小档案

位置：中国、广西、林溪河

建桥时间：建设于1916年

主要数据：桥长64.4米，宽3.4米，高10.6米

程阳风雨桥，又叫永济桥、盘龙桥，位于广西壮族自治区柳州市三江县城古宜镇的北面20千米处，是广西壮族地区众多具有侗族韵味的风雨桥中最出名的一个，是全国重点文物保护单位。到广西不能不看民族风情，看民族风情不能不到柳州，苗族的节日、壮族的对歌、瑶族的舞蹈和侗族的建筑被誉为柳州民族风情"四绝"。程阳风雨桥就是典型的侗族建筑。

风雨桥的传说

程阳风雨桥，这种不费一钉一铆的建筑，凝聚了侗族人民的智慧与汗水，也流传着恩爱夫妻被花龙救护的动人传说。

每一座桥，都在讲述它的过去与未来；每一阵流水或蝉鸣声都能让你深切地沉浸于凄厉绝美的想象之中。

程阳，山清水秀的侗乡，流传着花龙救护年轻夫妇的传说：一天，一对新婚不久的恩爱年轻夫妇过桥，河底却突然刮起一阵

狂风，一下把女的卷走。原来是河里的螃蟹精看上了那女子而作怪。丈夫急得在河边大哭，差点想投河陪妻子而去……哭声惊动了水底的一条花龙，他深深为男子的痴情感动，于是飞天而出，施法将螃蟹精击杀，救出了女子并将她送回到男子身边，恩爱夫妻终于重聚。而后人为纪念花龙，就将河上那座小木桥改建成画廊式的风雨桥，还在柱上刻了花龙的形象，所以又称它为回龙桥。由于它能让人躲避风雨，人们也称它为风雨桥。

后来，风雨桥成了情侣们幽会密语的好去处。伴随着潺潺流水声并肩坐在桥畔，是侗族青年男女们一种悠远又别样的浪漫。

民族特色成为一幅绵延的画卷

程阳风雨桥是建筑的集大成者，集桥、廊、亭三者于一身，在中外建筑史上独具风韵。程阳风雨桥又叫永济桥、盘龙桥，建于1916年，是侗寨风雨桥的代表作，是目前保存最好、规模最

大的风雨桥，是侗乡人民智慧的结晶，也是中国木建筑中的艺术珍品。这座横跨林溪河的大桥，为石墩木结构楼阁式建筑，2台3墩4孔。墩台上建有5座塔式桥亭和19间桥廊，亭廊相连，浑然一体，十分雄伟壮观。桥的两旁镶着栏杆，好似一条长廊；桥中有5个多角塔形亭子，飞檐高翘，犹如羽翼舒展；桥的壁柱、瓦檐雕花刻画，富丽堂皇。整座桥雄伟壮观，气象浑厚，仿佛一道灿烂的彩虹。它的建筑惊人之处在于整座桥梁不用一钉一铆，大小条木，凿木相吻。全部结构，斜穿直套，纵横交错，却一丝不差。桥上两旁还设有长凳供人憩息。游人坐在凳上向远处放眼望去，只见林溪河蜿蜒而来，桥的两边，茶林满坡，翠木簇拥；田园耕地，农夫劳作；河边水车，缓转灌溉。

　　程阳风雨桥的建造，是侗族人民智慧的结晶，体现了侗族人民的聪明才智和伟大的创造力。程阳风雨桥桥亭桥廊的建筑是采用了穿斗木结构建筑，它既有古代百越族杆栏式的建筑色彩，又有汉族宫殿式的工艺成分。

程阳风雨桥由于它别具一格的建筑技艺和雄伟风姿而闻名于世。郭沫若先生也曾题诗：艳说林溪风雨桥，桥长廿丈四寻高。重瓴联阁怡神巧，列砥横流入望遥。竹木一身坚胜铁，茶林万载茁新苗。何时得上三江道，学把犁锄事体劳。

拓展阅读

程阳风雨桥大多架设在村寨下方的溪河之上，既作交通之用，又有宗教方面的含义。它象征飞龙绕寨，以保年年风调雨顺，五谷丰登，吉祥幸福，故人们称之为风雨桥、回龙桥、永济桥、赐福桥等。程阳风雨桥是中国唯一被列为全国重点文物保护单位的侗族风雨桥，是侗族建筑艺术的杰出代表。

世界第一跨桥

虎门大桥小档案

位置：中国、广东、珠江

建桥时间：于1992年开始建设，1997年7月1日香港回归之日通车

主要数据：全长15.76千米，主桥长4.6千米，引道长11.16千米，桥面双向六车道，昼夜通车量12万车次

虎门大桥位于广东省珠江三角洲中部，跨越珠江干流狮子洋出海航道，大桥主跨为888米的钢箱梁悬索桥，跨径目前居国内第

二位；大桥辅航道为270米连续钢结构，居同种桥型世界第一；主跨净空高度60米，桥下可通行10万吨级海轮。现已成为广东省十大地标之一。

珠江上飞舞的"彩虹"

虎门大桥坐落于虎门镇威远炮台右侧。桥身从群山之中凌空飞架，延伸至江面对岸，横跨珠江口东西两岸，东连广深高速公路，西接京珠高速公路，是珠三角交通要道上的重要桥梁之一。虎门大桥的建成将珠江东西两岸的距离一下子缩短了几十千米。

与威远炮台遥相呼应的虎门大桥是由我国自行设计建造的第一座特大型悬索桥，被誉为"世界第一跨"，是东莞标志性的旅游景点。虎门大桥于1997年建成通车，全长4600米。

桥面双向6车道，主跨888米，分主航道和副航道两部分。主航道部分有两个高达100多米的巨型钢筋混凝土结构的门型架矗立江面，门型架之间用巨型钢索相连，桥身由钢索悬吊江上。副航道桥身由几十个钢筋混凝土浇注而成的桥墩承托。

桥面宽阔平坦，双向六车道。桥身距离水面高达60多米，主航道可以通航十万吨巨轮。大桥以跨度大且不用钢索吊住的高难度造桥技术闻名。

虎门大桥的建成通车，跨海连接了虎门、番禺两地，使东莞成为沟通穗、港以及珠江两岸和深圳、珠海两个特区的交通枢纽。

站在江边远眺，虎门大桥在明丽的阳光下，显得十分壮丽。金波粼粼的江水中，仿佛一条巨龙静静地卧在珠江上。放眼远望，桥上川流不息的车辆飞驰而过；江上船只穿梭，百舸争流，

滔滔珠江水日夜不息地奔向大海。真是"若非身临其中，定疑珠江飞彩虹。"

入夜，桥两边灯光齐放光明，璀璨夺目，同天上的星星遥相辉映，把虎门大桥装点得十分壮丽。

昔日古战场，今日震东方

众所周知，这里曾经是鸦片战争的古战场，清道光年间，林则徐带领虎门军民筑起了百丈铁链横锁大江，凭借一夫当关、万夫莫开的金锁铜关抵御来犯之敌。

1841年春，英舰向岸上清军守兵发炮，守将关天培与将士同仇敌忾，奋力抵抗，最终寡不敌众，为国捐躯。

而今，硝烟不再，天青海阔，波澜不惊，天堑变成了通途，泛舟珠江，只见大桥飞架，横空出世如长虹卧波；信步桥头，则

气象万千，云樯帆影，尽收眼底。虎门大桥是在历史的晴空下飞出的一条理想彩虹，它洗去的是百年国耻，接通的是一个民族的气脉！

据说宋明时代虎门有过靖康海市的幻景，明代虎门人曾写下了"滔滔腥浪激洪流，白昼蛮烟结蜃楼。仿佛桥梁三岛隔，依稀人物半空游"的诗句，景色虽奇，但"一阵狂风忽吹散，长江依旧水悠悠"。

即使当年为御海潮、工程浩大、"长堤缭绕四千丈"的普安桥，而今也早已踪迹难寻。而在今天，也只有在今天，人车"半空游"不再是虚幻的背景，虎门大桥以其真实而伟岸的雄姿，圆了近古时代莞邑人千年的梦想："谁架石虹来海上，行人平步碧波间。"

拓 展 阅 读

虎门大桥是迄今全国规模最大的公路桥梁，设计昼夜通车量为12万车次，桥下可通行10万吨级的巨轮。该桥的主缆是由冷拔镀锌高强钢丝构成。钢丝平行排列。本座桥的跨度是888米，是当时中国第一长。主跨是指从虎门这边岸到江中心的横档岛这一段距离。

内地与香港连心桥

深圳湾大桥小档案

位置：中国、深圳、珠江

建桥时间：于1992年开始建设，2007年通车

主要数据：全长5545米，其中深圳侧桥长2040米，香港段3505米，桥面宽38.6米，全桥的桩柱共457根，共12对斜拉索

深圳湾大桥是一座连接深圳蛇口东角头和香港元朗鳌堪石的公路大桥，亦称"深港西部通道"，2007年7月1日开通，其中12对斜拉索呈不对称分布，独塔单索面钢箱梁斜拉桥，为目前国内

最宽，标准最高的公路大桥。大桥设南、北两个通航口，采用主跨为210米和180米独塔钢箱梁斜拉桥方案，达到了改善行车条件，增加大桥景观的效果。

让香港离我们更近一些

深圳湾跨海大桥为连接深圳与香港两地的深港西部通道主体工程，是继罗湖、皇岗和沙头角之后第4条跨境通道，连接深圳蛇口与香港元朗，为我国公路干线网中唯一与香港连接的高速公路大桥，也是广东沿江高速公路的咽喉。通道主要由高架引桥和斜拉桥组成。

大桥的开通时间为2007年7月1日，通车之日起每日可通关车辆约5.86万次，通行不收费，其建成后将取代了罗湖、皇岗口岸成为深圳的最大口岸。深圳湾大桥的通车，使得深圳蛇口到香港只有分钟10到15分钟的车程，同时广州与香港的距离也缩短至100千米，这样一来，一顿早茶的功夫就可以抵达我们美丽的香港。

深圳湾公路大桥的开通，标志着香港与内地在经济及社会交

流方面迈进更紧密联系的新纪元，也可以适时舒缓日益频繁的过境交通。新跨界通道在未来二十年规划期内，可带来1750亿港元的净收益。深圳湾公路大桥始于蛇口东角头新填海区，横跨后海湾而落点于香港新界西北的鳌磡石，然后连接到元朗公路，口岸的通关设施也置于蛇口东角头新填海区。

深圳湾口岸将实施"一地两检"通关安排，为旅客和车辆在更佳的环境下，提供更加方便快捷和有效率的服务。在通道开通初期，每天双向行车量和旅客流量，分别约2.98万车次和3.08万人次，到2016年可望分别增至每天约6.03万车次和6.13万人次。深圳湾公路大桥可以舒缓现时落马洲、文锦渡和沙头角三条容车量已接近饱和的跨界通道，有助于推动经济发展，特别是在金融、物流和旅游业等方面的交流。

全长5.5千米的深圳湾公路大桥以高架引桥及斜拉桥组成。香港段长3.5千米，由香港建造，斥资32亿港元。深圳湾公路大桥余下的两千米，则由深圳市人民政府建造。

两地团结演绎世纪传奇

站在深圳一侧隔海望去，一座银色通道蜿蜒逶迤飞架海上，阳光下耸立的斜拉桥熠熠生辉，象征着深港两地的紧密握手。

若从高处鸟瞰，只见略显S形的大桥蜿蜒跨过海面，如同一条巨龙跨越天海。西部通道的走线有直也有弯，甚具流线型。通道的走线有少许弯度，设计上不仅可让司机沿途欣赏斜拉桥的美态，还有助于大桥本身和司机行车的安全。

通道上两座塔高近140米的斜拉桥的桥塔互相仰向对方，形态犹如两座桥塔互相牵引各自的高架引道至中间的深港分界线，象征着两地人民热切渴望能更加紧密地团结起来。

深圳湾公路大桥虽然由深港两地政府共同建造，但在桥面宽度、行车道宽度、路面横坡等方面，深港双方均有严格统一的技术标准，因此大桥实际上就是一个整体，连接部分没有任何痕迹，外部造型和桥梁结构完全一致。

拓 展 阅 读

深圳湾大桥换道立交桥在海上作业，其显示特点是"急、难、险、重"。在无现成海上施工经验和施工设备的情况下，深圳湾大桥项目部全体参战员工科学组织、精心施工，先后攻克了多种高难度技术问题，圆满完成主体工程任务。

千里黄河第一桥

中山桥小档案

位置：中国、兰州、黄河

建桥时间：开始建设于1907年，历时3年建成

主要数据：全长234米，宽7.5米，有六墩五孔，桥上飞架五座弧形钢架拱梁

兰州中山桥俗称"中山铁桥"、"黄河铁桥"，位于甘肃省兰州市滨河路中段北侧，白塔山下，金城关前，建于公元1907

年（清朝光绪三十三年），是兰州市历史最悠久的古桥，也是5464千米黄河上第一座真正意义上的大桥，因而有"天下黄河第一桥"的美称。

清光绪三十三年（1907年），清政府在兰州道彭英甲建议和甘肃总督升允的赞助下，动用国库白银30.6万多两，由德国商人泰来洋行喀佑斯承建，美国人满宝本、德国人德罗作为技术指导，建起了黄河第一座铁桥，初名"兰州黄河铁桥"。

1942年改为"中山桥"，1954年，整修加固了铁桥，增加了五座弧形架拱梁，使铁桥更加坚固耐用。

百年历史见证中国崛起

中山桥的前身是黄河浮桥。当时有这样一首民谣：黄河害，黄河险；凌洪不能渡，大水难行船；隔河如隔天，渡河如渡鬼门关！可见当时要渡过黄河是多么的艰难。冬季，黄河结冰，行人和车马要过黄河，就只有靠冰"桥"。第二年，河冰消融，又重新搭浮桥，不但十分麻烦，而且一年之中拆了建，建了又拆，耗资巨大。

明洪武五年（公元1372年）大将军宋国公冯胜与元将廓扩铁木尔（王保保）作战时，在七里河（今七里河黄河大桥西500米处）搭造了浮桥，这是兰州地区最早的黄河浮桥。但这座浮桥当时只是为了方便军队渡河，仗一打完就拆除了。洪武八年（1375），卫国公邓愈率军平定河西，在城西十里建浮桥，以运送粮饷，命名为"镇远浮桥"。

　　洪武十八年(1384)，兰州卫指挥将浮桥移至"河水少缓，近且易守"的白塔山下，因为靠近城区，除了军事用途外，这座黄河浮桥也成了黄河历史上第一座可供民众过河的浮桥。

　　1906年，总办甘肃洋务的彭英甲奏请朝廷，批准修建黄河铁桥，并在1906年10月以16.5万两白银包工包料的总价承包，合同规定，铁桥自完工之日起保固八十年。

　　黄河铁桥竣工之后，实际耗银30.66万两。桥建成后，两边建了两座分别刻有"三边利济"和"九曲安澜"的大石坊，分别有楹联：曾经沧海千层浪；又上黄河第一桥。天险化康衢直入海市楼中现不住法；河蠕开画本安得云梯天外作如是观。

　　1942年，为纪念孙中山先生而改名为"中山桥"。

　　中山桥不但经受了三次黄河特大流量的考验，而且在1949年8月26日的解放兰州战役中，炮弹击中了过桥的两辆国民党军车，

车上弹药爆炸，大火烧毁了桥南端18节木桥面和部分纵梁。军管会组织了300多人星夜抢修。

　　1954年，兰州市人民政府对铁桥进行了整修，将原有的梯形拱架换成了五座弧形钢架拱梁，将原来的木板桥面全部换成现在的铁板桥面。使这座古老的铁桥不仅变得坚固耐用，而且还威风凛凛，绚丽壮观。

现在兰州市的桥梁已达十余座，使自西固达川入境从榆中与白银交界的乌金峡出境，在兰州境内全长152千米的黄河成为桥梁最密集的河段。

今天，中山桥的观赏价值、历史和文物价值，已远远大于它的交通价值，她已经成为一部史诗，雕刻着兰州古往今来历史的变迁，展示了兰州人民的灿烂艺术，更成为百里黄河风景线上最引人注目的绚丽一景。

2009年8月26日，中山桥迎来百年庆典，横卧于黄河之上的中山桥，在绿树、鲜花的映衬下，显得格外喜庆而迷人。

拓 展 阅 读

当时修建中山桥，由于交通不便、经济落后等原因，修建铁桥所用的钢材、水泥等材料都是从德国购置，海运到天津，由京奉铁路运到北京丰台火车站，再由京汉铁路运到河南新乡。从新乡取道西安，分36批，用马车运到兰州。一个清晨，数十辆大马车浩浩荡荡从新乡火车站简陋的货场里潮水般涌了出来，车轮声，马蹄声，铃铛声，还有梆子，秦腔，汇成了一曲众声混杂的交响乐，响彻漫漫古道……

海河上的见证者

解放桥小档案

位置：中国、天津、海河

建桥时间：开始建设于1902年，1927年正式建成

主要数据：全长97.64米，桥面总宽19.5米

解放桥最初建于1902年，于1923年重建，1927年正式建成。原名"万国桥"，即国际桥之意。北连老龙头火车站（天津站旧称），南通紫竹林租界地。因当时的天津有英、法、俄、美、

德、日、意、奥、比9国租界，故得此名。而此桥位于法租界入口处，又是由法租界工部局主持建造的，所以当时天津民众更愿意称它为"法国桥"。抗日战争胜利后，当时的国民政府以蒋介石的字命名此桥，将"万国桥"改为"中正桥"。1949年，此桥正式更名为"解放桥"，并沿用至今。

万国桥是一座双叶立转开启式钢结构大桥，桥身分为3孔，中孔为开户跨。开户跨为双叶立转式，在桁架下弦接近引桥部分背贴一个固定轨道，开桥时活叶桁架沿轨道移动开启，以便让开更大的通航净空间。合则走车，开则过船，"万国桥下过大船"，曾经是海河一景。

禁止日本军队过桥

解放桥为什么会拒绝日军的通过呢？它的这一举动又给当时的中国军队带来了什么样的结果呢？

　　原来在抗日战争期间，"万国桥"曾阻断了日本军队过桥，为中国军队赢得了宝贵的时间。

　　1937年"七七事变"发生之后的第十天，即7月17日，日本政府召开五相会议，决定调集40万日军，全面开始侵华战争。当时天津守军兵力很少，受《辛丑条约》的限制，当时天津市内不允许驻有中国军队。虽然1935年张自忠将军调了部分兵力驻守天津，但实际上守卫在天津地区的兵力仅有2个旅和1个手枪团。虽然兵力空虚但是被动挨打不如主动出击，1937年7月29日凌晨1时，天津抗战的枪声在整个市区打响。日本兵营、日本飞机场、

天津总站、东车站（今天津站）都湮没在炮火的硝烟中。

　　不久，日军的援兵沿着海河北岸向万国桥冲来。假如援军冲过了万国桥，攻击东站的中国军队将面临腹背受敌的局面，攻势也将立刻被瓦解。然而就在这时，万国桥中跨之上的桥面在尖厉的警报声中徐徐开启，驻守法国租界的法国军队以保护本国租界的名义，拒绝日军通过。

　　这让攻击东站的中国军队赢得了时间。激战两小时后，日军被逐出东站。在此驻守的中国军队不仅赢得了攻打东站的胜利，还能抽调出一部分兵力去增援兄弟部队。

可见解放桥在当年的抗日战争中也立下了汗马功劳，为我军的胜利争取了最为宝贵的时间。

天津解放的见证者

万国桥靠近天津市中心，北侧是重要的交通枢纽天津火车站，南侧是当时的北方金融中心——天津中街，也是国民党各重要机构的所在地。1949之前，国民党守军在万国桥头修筑了坚固的工事，派驻重兵，把万国桥当做北翼守卫城南的最后一道防线。但对于攻城的解放军部队来说，万国桥则是其在河西、河东两大战区迂回穿插的唯一通道，同样是势在必夺的战略要地。

1949年1月15日拂晓时分，解放军东野一纵三师二团经过1天的激战，终于冲进市区，沿海河南岸插到了万国桥前。驻守桥头

的国民党军仍在负隅顽抗。为减少伤亡，同时迅速攻下大桥，我军派出1个排的战士从万国桥上游200米处强渡北岸，准备从桥北攻击敌人，同时另2个排的战士猛攻桥南之敌。

守卫大桥的是国民党第九十四军留守处的部队，装备精良，但是他们当时已经得知上游的桥梁失守，明白大势已去，军心涣散。看到解放军攻到眼前，而且还在渡河准备包抄自己的后路，便开始溃逃。这样一来，仅20多分钟，我人民解放军只用了不足1个连的兵力，就击溃了人数众多、武器先进且有工事可以依托的国民党守军，占领了万国桥。万国桥一役，共俘敌50余人，缴获汽车80多辆。万国桥不仅看到了解放军神勇，也见证了这一战争史上的奇迹。

拓展阅读

解放桥设计师相传是法国巴黎埃菲尔铁塔的设计者埃菲尔。但是，这位法国建筑大师逝世于1923年12月15日，也就是大桥开始动工的年份，而在他去世的两年前，就已经宣布要闭门著书了，并且在这两年内写出了三部堪称世界建筑遗产的专著，这期间他似乎没有时间，也没有精力再做一项设计，更何况这是一座远在东方，规模也并不是很大的桥。所以，解放桥的设计者至今仍然是个谜。

百年胜景西湖断桥

西湖断桥小档案

位置：中国、杭州、西湖

建桥时间：建设于1921年

主要数据：长8.8米，宽8.6米，单孔净跨6.1米，现今的断桥为1921年重建的拱形独孔环洞石桥

西湖断桥，今位于白堤东端，在西湖的诸多大小桥梁中，名气最大。关于西湖断桥名字的由来也是众说纷纭，一种说法是孤山之路到此而断；另一种说法是该桥原名为段家桥，简称段桥，谐音为断桥；还有一种说法是大雪初停，登宝石山往南俯瞰，白堤上皑皑白雪，在太阳的映照下，断桥向阳一面的积雪融化，露出褐色的桥面，而背阳一面则被白雪覆盖，与江面融为一体，仿佛长长的石桥到此中断，因此得名为断桥。

神话让断桥享誉天下

断桥上流传着一个人尽皆知的爱情故事，也正是因为这段爱情故事让断桥成为了西湖上最著名的桥。

很久以前在山野中有一条自行修炼的小白蛇，有一天，小白蛇被一个捕蛇老人抓住了，差一点就遭遇杀身之祸，幸好当时

被一个小牧童所救，这才避过一劫。小白蛇不忘感恩，经过了一千七百多年的修炼，这条小白蛇终于化为人形，并经观音大士的指点，来到杭州西湖寻找前世的救命恩人小牧童……

这条小白蛇便是美貌的白娘子，而这个心地善良的小牧童，经过一千七百多年的轮回，成为了许仙。

清明佳节，烟雨蒙蒙，观音大士说："有缘千里来相会，需往西湖高处寻。"在杭州西湖的断桥上，白娘子终于找到了前世的救命恩人许仙，以身相许，结为夫妻。在历经水漫金山之后，又是在断桥邂逅重逢，再续前缘。

白娘子与许仙在此相识，同舟归城，借伞定情；后又邂逅在此，言归于好。

这段唯美的爱情故事为断桥赚足了人气，更让断桥成为了游西湖的必到之处。越剧《白蛇传》中白娘子唱道："西湖山水还依旧……看到断桥未断我寸肠断啊，一片深情付东流！"催人泪下，给每一个游览断桥的游客以无尽的追思。

断桥残雪

说到断桥，那一定要提到断桥残雪，断桥残雪是著名的西湖十景之一，是西湖冬季的一处独特景观。由于断桥背城面山，正处于外湖和里湖的分水点上，视野开阔，是冬天观赏西湖雪景最佳处所。

每当瑞雪初晴，如站在宝石山上眺望，桥的阳面已冰消雪化，所以自阳面望去，"雪残桥断"，而桥的阴面却还是白雪皑皑，故从阴面望去，"断桥不断"。

最早记载"断桥残雪"的是唐朝的张祜，他诗中有一句"断

　　桥荒藓涩"，从中可知断桥是一座苔藓斑驳的古老石桥。

　　大雪初霁，原来苔藓斑驳的古石桥上，雪已残而未消，难免有些残山剩水之感，于是人们就拟出了"断桥残雪"这一西湖难得的景观。

拓 展 阅 读

　　　　"断桥残雪"是著名的西湖十景之一。西湖十景形成于南宋时期，基本围绕西湖分布。它们是：苏堤春晓、曲苑风荷、平湖秋月、断桥残雪、柳浪闻莺、花港观鱼、雷峰夕照、双峰插云、南屏晚钟、三潭印月。

见证抗战的"石狮"

卢沟桥小档案

位置：中国、北京、永定河

建桥时间：始建于1189年

主要数据：全长266.5米，宽7.5米，最宽处9.3米，有桥墩十座，共11个桥孔

卢沟桥位于北京市西南约15千米处丰台区永定河上，是北京市现存最古老的石造连拱桥，整个桥身都是石体结构，为华北最长的古代石桥。

1937年7月7日，日本帝国主义在此发动全面侵华战争。宛平城内的中国驻军奋起反抗，被称为"卢沟桥事变"（亦称"七七事变"）。中国抗日军队在卢沟桥打响了全面抗战的第一枪。

每个中国人都会铭记的桥梁

1937年7月7日夜10时，日军在距北平十余千米的卢沟桥附近进行军事演习，向中国驻军挑衅。日军诡称有一名士兵失踪，要求进入桥北边的宛平县城搜查，遭到拒绝后，就向宛平县城和卢沟桥开火。

7月8日早晨，日军包围了宛平县城，并向卢沟桥中国驻军发起进攻。中国驻军第29军37师219团奋起还击，进行了顽强的抵抗，给日本侵略军以沉重的打击。

团长吉星文亲赴前线，指挥作战。一位战士用大刀接连砍死砍伤日军13人，自己也壮烈殉国。驻守在卢沟桥北面的一个连战士，战斗到最后只剩下4人。9日凌晨，二十九军收复了永定河东岸的失地。这就是震惊中外的卢沟桥事变。

卢沟桥事变是日本帝国主义全面侵华的开始，是日本法西斯

集团经过充分准备后，把六年前在中国东北挑起的局部战争升级为全面侵华战争，率先在世界的东方点燃了第二次世界大战的战火。

七七事变后，日本帝国主义加紧侵略中国的活动不仅威胁到人民大众的生命安全，而且直接威胁到中华民族的生死存亡，中国国民政府对日本残存的一点和平幻想彻底破灭，蒋介石对中国共产党提出的建立抗日民族统一战线的主张作出了积极反应。

而之后建立的前所未有的抗日民族统一战线充分体现了"民族意识胜过一切"的思想，在大敌当前的紧急关头，中国人民爆发了巨大的民族凝聚力。

民族危机唤醒了沉睡近百年的中华民族，无情的战争教育了

全国各族人民，从沿海到内地、从城市到农村的全中国人民都被动员起来了。

　　"卢沟桥事变"纪念日是一个符号，这个符号寄托了中国人在近代和现代国际政治上太多的尊严和荣誉。

　　如果说抗日战争是中国民族独立和解放运动的重要过程，那么"卢沟桥事变"就是我们为纪念这样一个历史过程所选择的注脚。从这个注脚开始，整个中国被全民族独立和解放运动的大潮所席卷。

大水漫不过卢沟桥

　　自古传说大水漫不过卢沟桥，这里面有一个有趣的由来。永定河是铜帮铁底，卢沟桥桥孔是鸭蛋形，在桥的第十一孔北面有迎水台、斩龙剑，设计周密，流水畅通。

　　相传管天管地的玉皇大帝听当地的城隍土地爷说，这桥建得美丽壮观，是鲁班的小女儿和嫂子打赌一夜之间建起来的。

　　他听了特别高兴，也很赞赏，说："人间竟有这么大能耐的女孩家，真是了不起，看来大水也漫不过桥喽。"

　　玉皇大帝的话诸神听了都点头表示赞同。可是，管海河的龙王听了却心中一震，心想，玉皇大帝的话就是法旨。他说大水漫不过桥，但万一大水漫过了桥，那我岂不就是失职了吗？

　　于是，他召集龙宫中的大臣们商议，最后，聪明的三公主为龙王想出了一个办法，她发动宫女编织铜网、铁网。用织成的铜网把两岸的河堤保护起来，把织成的铁网铺在河底以防大水冲刷，这就是后来人们传说的铜帮铁底。厚道孝顺的四太子、五太子，见小妹都能为父王排忧解难，自己也要为父王分忧。于是，每到汛期，他兄弟俩自动趴在桥孔处吸水保桥，到如今桥孔处仍有两个龙头在吸水呢。

自此，永定河两岸没有大的水患，"铜帮铁底、大水漫不过桥"的说法流传至今。

三公主编织的铜网铁网护堤虽是传说，但对现代人防汛、防洪也很有启发意义：现在还有好多地方采用铅丝编成网笼，再装上大河光石用来护堤。

拓展阅读

卢沟桥的狮子：1962年有关部门专门派人搞了一次清点，逐个编号登记，清点出大小石狮子485个。可是，在1979年的复查中，又发现了17个，这样，大小石狮子的总数应为502个，今后是否还会发现，谁也不敢来划这个句号。

"死亡铁路"的咽喉

泰国桂河大桥小档案

位置：泰国、北碧府、桂河

建桥时间：建于1943年

桂河大桥在曼谷西北122千米的北碧府，从曼谷车行约两小时到达。桂河大桥步行大约10分钟，就可以走完。过了桥就是"死亡铁路"，一直前行可以通到缅甸。

二战的见证者

在曼谷西北的桂河大桥，折射了一段二战时期的历史——当年日军占领泰境期间，强迫盟军战俘建造铁路连接缅甸及暹罗，这条铁路在牺牲了无数宝贵生命后才得以完成，故有"死亡铁路"之称。桂河大桥就是其中的一段，被称为"死亡铁路"的咽喉。大桥的一边地势较为平缓，但一过河便是险峻的群峰，有的路段甚至就开凿在悬崖峭壁之上。

当年，很多劳工都是在修建桂河大桥时，变成孤魂野鬼的。在1945年间，桂河大桥是盟军经常空袭的目标，时至今日，该桥不但幸存且仍在使用中，每年12月的桂河大桥周围，均有灯光及音响表演配合重演区内有关的事迹，以志纪念。桥的南段有日本

战争纪念碑，在三千米外，接近火车站的地方就是北碧府战士墓地，此处为盟军殉难战士的最大墓地，埋葬了近7千名军士的骸骨。

桂河大桥原为木桥，几经飞机轰炸，早已毁坏，只有在河水很浅时才能看到残迹，现在我们看到的是后来修建的铁桥，它今天还在通车。重建后的桂河大桥，在原来桥的两侧圆弧铁架的基础上多出了两段不协调的方形铁架，没有原先圆弧铁架的优美，很多看过的人觉得不伦不类、不搭调。

站在桂河大桥的桥头，看着夕阳下静静流淌的美丽桂河，难以想象这里发生过那么多悲惨的故事，只有安放在桥头的美军投

下的未爆炸的炸弹提示着我们当年那场惨烈的战争。

　　过桥后不久就有一面中文告示牌，告诉大家从旁边的铁楼梯下去，然后就会有一大堆售卖缅甸商品的摊贩。现在的桂河大桥，没有什么肃杀之气了，与电影中的蛮荒世界全然不同，倒是附近商店林立，河岸两旁多出许多水上餐厅，这些餐厅的布置与景观都十分优美，地道的泰国菜也十分诱人。

　　游人可以选择泛舟桂河观赏这座充满历史故事的大桥，或是吃着"虾兵蟹将"，喝着略苦的曼谷啤酒，看着船夫一如既往的脸，品味着大桥的沧桑……

靠一部电影成名的泰国桂河大桥

桂河距泰国首都曼谷一百多千米，是一条并不宽并不长的河

流，然而如今闻名于世，它的闻名，完全是因为一部影片。为了纪念惨死的盟军，20世纪七十年代，大卫·里恩执导了反战经典影片《桂河大桥》，桂河一夜成名，大量的欧美游客涌进泰国，只为瞻仰死去的将士。

如今，欧美人很少来到这里了，取而代之的是如潮水般涌入的中国游客。桂河边上总是停着数不尽的游船，船上娱乐设施齐全，值得一提的是，船上的卡拉OK里大多数都是中国歌曲，因此，在桂河的水面上飘荡着的全是中国的歌谣，在这里泛舟游玩，你会不自觉地感到自己是在中国国内的某条河上，船上也可以用餐，船主做出来的菜肴都尽量符合中国人的口味，吃着泰国式的中国美味，坐在船舷边上，游客们可以肆意的欣赏着真正的

田园风光，桂河的两岸，野草疯长，偶尔出现一两户人家也是充满了乡土气息。

桂河有一侧完全可以修公路，但精明的泰国人没有这样做，完全保存了那份野趣。正是这份野趣，使习惯了都市风光的游客感到赏心悦目。

每到傍晚，横跨桂河的钢铁大桥笼罩在落日的余晖下，冰冷的钢铁在金色的夕阳中透出些许温暖。桂河是泰国第三大河，也是缅甸与泰国的国界。站在桂河大桥上，扶着黑漆漆的桥栏，似乎历史正在被还原，战争的硝烟才刚刚散去；走在这条用鲜血生

命铺就的铁轨上，仿佛能真切地体会筑路者当时的艰辛。

　　每年11月，泰国政府都要在桂河大桥举办纪念活动，模拟当年的战争场景。在这座300米长的大桥上，各种肤色的游客络绎不绝，特别是那些来自英、美、荷、澳等当年盟国的游客，不远万里来此瞻仰和拜谒牺牲的故人。

　　他们常常泛舟桂河，一边感受缓缓流过的桂河河水，一边回顾这里曾经发生的历史故事……

拓 展 阅 读

　　英国著名电影大导演大卫·里恩拍摄的《桂河大桥》以"二战"时期日本征服南洋为背景，以修建桂河大桥为中心事件，描写了日本一个战俘营的故事。全剧围绕着英、美、日三国军官之间的纠葛与对立而展开。片中，充满骑士精神的英军军官、敢于行动的美军军官与用武士道精神训练出来的日军军官形成尖锐的对照。这部感人肺腑的反战题材影片，残酷而雄辩地阐述了战争的荒谬性及破坏力。

欧亚两洲的连接线

博斯普鲁斯海峡大桥小档案

位置：土耳其、伊斯坦布尔、博斯布鲁斯海峡

建桥时间：开始兴建于1968年

主要数据：全长1560米，两座桥塔之间跨越海峡水面部分的桥长1074米，桥宽33米，高出海面64米

博斯普鲁斯大桥是位于土耳其伊斯坦布尔的一座悬索桥，为第一座跨越博斯普鲁斯海峡并连结亚洲与欧洲两大陆的跨海大桥。该桥以北约5千米处有另一座名为"穆罕默德二世大桥"的跨海大桥，为了区别，博斯普鲁斯大桥又常被称为"第一博斯普鲁斯大桥"，而穆罕默德二世大桥则被称为"第二博斯普鲁斯大桥"。

大桥正中有一道白线，白线以东是亚洲，以西是欧洲。桥面可以并排行驶6辆汽车，如果桥上停满汽车，西岸桥塔就要向里倾斜86厘米，东岸桥塔则倾斜90厘米。一刮大风，大桥会左右摆动一两米。不过这都没有什么危险。这座大桥是欧亚第一大钢索吊桥，也是世界上第四大吊桥。

一座大桥两种风情

由于博斯普鲁斯海峡大桥地处亚欧两洲之间，所以在海峡的

两边拥有亚洲和欧洲两种不同的民俗风情。博斯普鲁斯海峡又称伊斯坦布尔海峡，它北连黑海、南通马尔马拉海和地中海，把土耳其分隔成亚洲和欧洲两部分。海峡全长30.4千米，最宽处为3.6千米，最窄处708米，最深处为120米，最浅处只有27.5米。

博斯普鲁斯在希腊语中是"牛渡"之意。传说古希腊万神之王宙斯，曾变成一头雄壮的神牛，驮着一位美丽的人间公主，从这条波涛汹涌的海峡游到对岸。海峡因此而得名。

大桥水中没有桥墩，整个桥身以两根巨大的钢索牵引，支撑着整个桥面，每根钢索由11300根5毫米的钢丝拧成。整座大桥宛若一条长虹飞架在海峡两岸，沟通了欧亚两洲的交通和运输，方便了两洲人民间的交流。

博斯普鲁斯海峡的中央有从黑海流向马尔马拉海的急流，水底下则有从马尔马拉海流回黑海的逆流。鱼群季节性地随水流往来于黑海和马尔马拉海之间，使得这一带的渔业资源十分丰富。

每当夕阳西下，夜幕降临，海峡大桥和两岸灯火通明，水面熠熠泛着银光，倒映出岸上的古堡、清真寺、屋影和林影，五彩缤纷，充满了神奇的色彩，别有一番情趣。

1985年12月4日，土耳其政府和日本、意大利三国共同承建了第二座海峡大桥。新建的大桥横跨在海峡欧洲部分的希沙吕斯蒂与亚洲部分的卡瓦久克之间，位于第一座大桥的北面约5千米处。大桥总长1510米，跨越海面部分为1090米，比第一座大桥长17米，是世界第六大吊桥。桥身高出海面64米，任何远洋巨轮均可自由航行。桥面宽39.4米，可平行通过8辆汽车，比第一座大桥宽出两个车道。

整座大桥也没有一个桥墩，由两岸高达107米的两座桥塔用两根粗达77厘米的钢索牵引制成。每根钢索重9500吨，由16128根粗5.38毫米的钢丝拧成。从远处眺望，雄踞海面的大桥，犹如一条巨龙横卧，蔚为壮观。海峡大桥东岸是亚洲，西岸是欧洲，

伊斯坦布尔最初的老城区就建在西岸金角湾南部的岬角上，如今还保留着历代修整的城墙。

市内蜿蜒曲折的古老街道上，殿阁林立，寺塔如云，而宽敞笔直的阿塔土耳其大道和独立大道两旁却高楼簇起，树木成荫，清晰地显示出这里荟集了东西方各种文明。

横跨海峡的两座大吊桥与亚、欧两边的高速公路相连，人们驱车从亚洲出发，穿越大桥，沿着宽阔的高速公路，可以直达欧洲各国。开阔壮丽的大桥，纵横交错的公路，上下回环的立交桥，组成了一幅雄伟的海峡交通图。

拓 展 阅 读

至今博斯普鲁斯海峡大桥已经成为伊斯坦布尔乃至土耳其的特色建筑，不仅是因为大桥的雄伟壮阔，同样也是因为它横跨欧亚大陆，周围更有蓝色清真寺、雅密斯神殿、贝尔加马遗迹等著名景点，蔚蓝色的海水从大桥下闪闪流过，阳光下的大海腾起层层薄雾，大桥腾浮在雾霭之中，犹如横架蓝天的彩虹；入夜，桥上华灯齐明，远远望去，宛如巨龙凌空。

桥梁界中的世界小姐

法国诺曼底大桥小档案

位置：法国、诺曼底半岛、塞纳河

建桥时间：建于1994年

主要数据：大桥全长2141米，主跨856米，塔高215米，为混合式双塔双索面斜拉桥，两岸引桥分别长738米和548米

诺曼底大桥，位于法国西北部诺曼底半岛，跨越法国北部塞纳河，连接勒哈弗尔和翁弗勒尔两市，因而就连接了法国的上、下诺曼底两个行政大区。它是一座与当地景观完美协调的斜拉桥，以其细长的结构和典雅的造型而

著称。诺曼底大桥曾被授予"20世纪世界最美的桥梁"。

她的出现令世界为之动容

诺曼底大桥是由法国的查尔斯·拉维那和米歇尔·维吉厄科斯设计，造价32亿法郎，采用悬臂法施工。经过16年的设计和6年的施工修建，大桥于1995年1月26日正式交付使用。诺曼底大桥是当时世界上主跨最长的斜拉桥，它超越了1993竣工的主跨为602米的上海南浦大桥，并将纪录保持到1999年。在诺曼底大桥之前，主跨超过610米的桥梁，几乎只能用悬索桥方案，所以，当这座超过800米的大桥出现后，斜拉桥的发展实现了一个飞跃。

诺曼底大桥采用倒Y形的混凝土桥塔，以保证有效地抵抗横向风荷载，而塔顶的锚固区，采用钢锚箱，将全部斜拉索锚固于此。从侧面望去，整个钢索面像一个巨大的蜘蛛网，每个索面内还布置了4对直线连接索。为了避免斜拉索的面内振动，在拉索的下端安装了阻尼器。因为拉索是空间索面，所以，桥上的照明亦采用倾斜布置，以达到协调完美的景观照明效果。这是一座技术含量颇高的桥梁，有人说诺曼底大桥是现代工程技术的一座丰碑。

诺曼底大桥同样也是一座风格简洁的桥梁精品。它的设计师维吉厄科斯是一位非常注重桥梁美学的设计师。尽管在法国，最优秀的建筑师似乎不会与工程师合作，但他还是呼吁建筑师与工程师在设计中应进行合作。维吉厄科斯甚至提出在保证安全的前提下，一切可能的地方都应该减小尺寸以增强美感，并建议设计以毫米为单位来计算。

她在令人陶醉的美景中诞生

日光下，诺曼底大桥纤细的斜拉索给人以轻盈的感觉，会让人觉得它似乎融入了诺曼底的日光中；夜晚，照明灯亮起，斜拉索与灯杆看起来浑然一体，和谐完美。这充分体现了设计师在设计中对桥梁与景观完美结合的重视。1999年，英国《桥梁设计与工程》杂志向世界上著名的30位的桥梁工程师、建筑师和学者，征集了对评选20世纪最美丽的桥梁的意见，最后有15座桥梁入选，诺曼底大桥位居第八。

大桥北部的勒哈弗尔市位于上诺曼底大区，城市里的建筑多为前苏联的模式。曾经有一个居住在下诺曼底的中国留学生，去勒哈弗尔游玩。但回来后，因为自己没有留意到路途中诺曼底大桥，被周围的法国朋友说那是"一种遗憾"。在法国人的心目中，美丽壮观的诺曼底大桥可是大名鼎鼎的。结果这个留学生竟然再次去勒哈弗尔，专门去欣赏这座大桥！

大桥南部的翁弗勒尔则更像是一个宁静的港湾。这里因大批艺术家、尤其是画家的到来而著名。翁弗勒尔是一个漂亮、充满活力的海港，同时也是诺曼底海岸最美丽的地区之一，这也难怪19世纪时大批艺术家继不丹之后相继来到这里，纷纷将这里变幻莫测的光线极其令人陶醉的景观呈现在画布之上。

多年来，诺曼底成为了法国西北部著名的历史和文化大区，连绵数百里的海岸几乎都是悬崖峭壁，二战时有名的战役"诺曼底登陆"，就发生在这里。所以，说起诺曼底，总是给人以力量和希望的感觉。如今，诺曼底的海风依然温柔地吹拂着岸边的树林，诺曼底却早已不是战争的代名词。人们安闲地享受着生活赋予的一切，宁静的海湾成为各国游客欣然前往的好去处。

拓 展 阅 读

二战时期有名的"诺曼底登陆"就发生在这里。1944年6月6日凌晨，美国和英国的2390架运输机和846架滑翔机，从英国20个机场起飞，载着3个伞兵空降师向南疾飞，准备在法国诺曼底海岸后边的重要地区着陆。这就是著名的"诺曼底登陆"的开始。巴黎的解放是诺曼底战役的结束。此次战役中，德军有40多万人伤亡和被俘。

桥梁中的"蒙娜丽莎"

挪威金角湾大桥小档案

位置：挪威、霍尔斯特

建桥时间：建成于2001年10月31日

主要数据：桥长100米，高8米

1502年，达·芬奇为土耳其横跨两大洲的伊斯坦布尔市绘制了一幅美妙绝伦的拱形桥设计草图。该桥长346米，横跨博斯普鲁斯海峡，如果能建成，它将成为当时世界上最长的桥。但土耳其苏丹却拒绝建造此桥，他认为该工程难度太大、造价太高。于是，这座桥在图纸上待了500年。

让达·芬奇的画作成为现实

直到1995年，挪威艺术家韦比约恩·桑德因一次偶然的机遇见到了金角湾大桥的设计草图。他回忆说："我第一次见到她，就被她完美的造型征服了。她是功能与审美的完美结合。"桑德通过种种努力，终于使挪威公路管理局相信，达·芬奇设计该桥的原理完全成立，这座桥是可以被造出来的。经过一番考察，建桥地点被确定为挪威首都奥斯陆以南30多千米的霍尔斯特，正好毗邻从斯德哥尔摩到奥斯陆的欧洲18号公路。

现在落成的这座步行桥，共耗资136万美元，建成后是一座100米长、8米高的木桥，除扶手使用了不锈钢之外，完全采用木料建造。其实，达·芬奇当年的设计是用石头作材料，但是挪威人觉得石头太贵了，所以将建桥的材料改为木料。桑德说："我们的工程证明，它可以用木头建造，也可以是石桥，还可以改变长度，因为它的建造原理是科学的。"

这座跨越金角湾的迷人的木桥，也可以被看作一个行人交叉路。三个浅色的木拱如同三只被射手用力向后拉的弓箭，牢牢地支撑着桥身。

拱使用的是胶合木，这是1994年利勒哈默尔冬季奥运会中，挪威许多比赛场馆广泛采用的建造方法。拱的上端是一条大路。虽然达·芬奇在建筑和工程方面的设计也曾有过模型，但把他的设计真实地建造出来，金角湾大桥还是第一个。这是达·芬奇的建筑设计首次被付诸实施，这个设计在美学和设计学上都是经典的范例。

桑德自豪地称："5个世纪前的人们认为这座桥不可能建起来，但我们把它建起来了。我们成功地证明了达·芬奇设计该桥的原理是可行的。"

值得一提的是，挪威金角湾大桥位于距挪威首都奥斯陆三十

多千米的霍尔斯特，跨越从斯德哥尔摩到奥斯陆的欧洲18号公路，并不是建立在金角湾之上。

值得纪念的日子

将近500年前，伟大的意大利画家、雕塑家、建筑师、科学家、工程师列奥纳多·达·芬奇"草拟"了大桥计划，大桥看上去时髦超脱，以至在当时招来不少批评者和怀疑者，他们称建造这种结构的大桥是不可能的。

2001年10月31日是挪威人值得纪念的日子，正如达·芬奇所希望的大桥在这一天跨越狭长的博斯普罗斯海峡，由挪威王后正式剪彩。它是一座建造在伊斯坦布尔以北2500公里、用木材建成的缩小型列奥纳多桥。计划发起者相信，"伟大巨匠的计划"不

久将会实现。著名建筑师韦比奥恩·桑德指出，达·芬奇一生中作为建筑艺术或民用建筑的首次计划已被形象地体现出来，不同时代的工程师、建筑师和工业品艺术设计师都创作过列奥纳多计划的各种模型，但是这座大桥是按原物一样大小完成的第一个建筑。桑德还指出，当他在1995年看到大桥草图时，完美的造型使他简直无法平静入睡，在他看来，伟大天才草拟的大桥计划就好比是"桥梁中的蒙娜丽莎"。

拓 展 阅 读

挪威地理位置偏北，其最南点（北纬约58度）比中国最北点（不到北纬54度）还要北。北极圈横穿挪威北部，北部一些城市到了6、7月份根本没有夜，可以看到午夜的太阳以及美丽的北极光。大陆部分最北端的诺尔辰角也是欧洲大陆的最北点。

一个世纪的建造奇迹

德国马格德堡水桥小档案

位置：德国、马格德堡市、易北河

建桥时间：于20世纪30年代投入建设,2003年正式建成

主要数据：大桥全长918米

马格德堡水桥，德国人也称其为跨河水道，是一座渡槽，连接着德国两条重要的航运运河：易北河—哈维尔运河和马格德堡附近的米德兰运河，并直通德国工业重镇鲁尔山谷的中心地区。早在1919年，德国人就已经开始酝酿连接两大运河的计划，并在30年代正式投入建设，但是，二战的爆发以及战后东、西德的分裂导致这一项目一拖再拖，直到90年代两德统一才再度施工。水桥对各地游客开放，同时提供停车场、自行车道、人行道以及其他信息标志，详细介绍了建桥的历史。水桥位于马格德堡附近的霍恩沃特城外，被当地人亲切地称为"马格德堡水路十字路口"。

桥上桥下都能行船的怪桥

如果有一天你正在桥上行走，突然旁边一艘大船跟着你一起走过来，你不用太过惊慌，这就是马格德堡水桥给人们留下的最

深刻的印象。

马格德堡水桥的建造创造了世界桥梁史上一个奇迹，自古以来，桥梁一般都是一种为了能够让车辆、行人通行的建筑。而马格德堡水桥的建设，主要是为了让船舶通航。大桥的建成实现了桥下能通船，桥上也能通船的奇迹。这个奇迹在2003年正式建成，德国人用了整整一个多世纪才得以完成这一壮举。

工程师们连通两条水道的最初构思，早在1919年即已提出，而罗腾湖升船机及大桥锚碇也于1938年安装就位，但在第二次世界大战期间，建设工程被推迟。随后的冷战时期，德国分裂，该项目被东德政府无限期地搁置下来。德国重新统一后，随着道路交通重大工程规划的编制，水桥再次成为一个优先项目。水桥的开始建造于1997年，经过六年时间的建设，耗资5亿欧元，巨大的水桥，现在连接柏林的内陆港与莱茵河沿岸港口。为使运输船舶得以跨越易

北河而建设的这庞大的"浴缸",共耗费了2.4万吨钢材和6.8万立方米混凝土。

直到水桥于2003年10月开通运营之前,在米德兰运河和易北河—哈维尔运河之间运行的船舶不得不绕道12千米,选择通过易北河罗腾湖船闸和涅格利普船闸通行。

这个颠覆人类固定思维的设计让很多著名的设计师都赞叹不已,它的建成同时也颠覆了我们脑海中桥原本的建造意义,在马格德堡水桥上,不仅有船舶通过,在桥的两侧也同样设有停车场,自行车道,人行道等设施,游客们驻足于桥上,不仅看到桥下的船舶泛起的层层水波,更能够感受到身边的游轮缓缓驶过的震撼。很多人慕名来到这里,就是为了亲眼目睹这世界上独一无

二的桥梁，感受一下这水世界中的奇妙。德国人的奇思妙想，不仅让船舶缩短了通行距离，疏通了东西方向的水路交通；更让马格德堡水桥享誉天下，成为马格德堡市乃至德国的旅游胜地。

拓 展 阅 读

　　马格德堡市是我国黑龙江省哈尔滨市的友好城市，这个城市因曾经作为奥托一世的皇宫所在地而著名，马格德堡水桥使马格德堡通过米德兰运河和易北河—哈维尔运河沟通了东西方向的水路交通。马格德堡易北河港口也是德国中部最大的内陆港口。

英伦风格的城市名片

伦敦塔桥小档案

位置：英国、伦敦、泰晤士河

建桥时间：兴建于1886年

主要数据：塔桥两端由4座石塔连接，两座主塔高43.455米。河中的两座桥基高7.6米，相距76米

泰晤士河上共建桥15座，伦敦塔桥是从英国伦敦泰晤士河口算起的第一座桥，也是伦敦的象征，有"伦敦正门"之称。该桥

始建于1886年，1894年6月30日对公众开放，将伦敦南北区连接
成整体。

独特设计展现贵族气息

　　伦敦塔桥是一座吊桥，最初为一木桥，后改为石桥，现在是
座拥有6条车道的水泥结构桥。河中的两座桥基高7.6米，相距76
米，桥基上建有两座高耸的方形主塔，是花岗岩和钢铁结构的方
形五层塔，高40多米，两座主塔上建有白色大理石屋顶和五个小
尖塔，远看仿佛两顶王冠。两塔之间的跨度为60多米，塔基和两
岸用钢缆吊桥相连。

　　桥身分为上、下两层，上层（桥面高于高潮水位约42米）
为宽阔的悬空人行道，两侧装有玻璃窗，行人从桥上通过，可以

饱览泰晤士河两岸的美丽风光；下层可供车辆通行。当泰晤士河上有万吨船只通过时，主塔内机器启动，桥身慢慢分开，向上折起，船只过后，桥身慢慢落下，恢复车辆通行。

两块活动桥面，各自重达1000吨。从远处观望塔桥，双塔高耸，极为壮丽。桥塔内设上下楼梯，以及博物馆、展览厅、商店和酒吧等。登塔远眺可尽情欣赏泰晤士河上下游十里风光。假若遇上薄雾锁桥，景观更为一绝，雾锁塔桥也是伦敦胜景之一。

伦敦桥被运到了美国

有传伦敦桥由于年久无法承担日益增加的车流被卖到了美国。人们一时感到有些惊奇，伦敦桥不好好的躺在泰晤士河上吗？

经过仔细查验以后才发现原来此桥非彼桥，这座桥是兴建于
1831年的伦敦桥，而我们通常所说的伦敦桥是建于1886年的伦敦
塔桥（上面有两座塔，底层可以升起使更大型船舶通过）。这座
伦敦桥在1962年被英国政府以2460000美元的价格卖给了一位美国
商人麦卡洛克。

他把桥梁切割，然后用船运到美国
加州，又用卡车运到亚利桑那的哈瓦苏
湖，这里原本是二战时期美国的空军基
地，可见应该是十分荒凉的。为了摆放
这座桥，麦卡洛克硬是挖出一条人工河
来。然后架起桥梁供人们参观，现在这

座城市已经有了很多商业机构、报社和学校。

合理设计，雄奇壮伟

伦敦塔桥的设计颇为合理，在世界桥梁建筑界中有口皆碑。

从外表来看，塔桥的两端是维多利亚时代的砖石塔，但实际上塔身的结构主要是钢铁的。

里面装有用来开合各重1000吨桥梁的水力机械。塔桥自建成至今，机械功能一直正常，从未发生故障。巨轮鸣笛致意后，上升机械只需一分钟便能使桥面升起。

塔桥的设计是为了同时满足航运和陆路交通两方面的需要。塔桥博物馆工作人员解释说，当时所有的桥都建在塔桥的西面，维多利亚中期随着贸易的发展伦敦开始向东扩展，考虑要再建一座桥缓解交通。

但码头老板反对，认为桥会阻碍他们船只通过，讨论了多年终于建成了塔桥，它张开桥面时可以让大船通过，而水平的桥面又利于马车的行走。

塔桥从1895年全面投入使用以来桥面一共张开过6000多次，平均每星期张开十次。塔桥需要25个人负责它的操作和维护。负责人帕特森说，打开桥面需要五个人，控制室里有一个人，另外四个人在外面监控桥面情况。

塔桥两端由4座石塔连接，两座主塔高35米，方正厚重，风格古朴，远望如两顶皇冠，雄奇壮伟。

拓展阅读

伦敦桥南端的门楼变成了伦敦最臭名昭著的景点：叛国者被砍下头，钉在木桩上，并涂上沥青以防腐。1305年，著名的苏格兰叛军首领威廉·华莱士的头颅被钉在门上，由此开始了一个长达355年的传统。1598年，一个到伦敦游玩的德国游客曾经数过桥上的人头，共有30个之多。这一传统在查尔斯二世复辟之后，于1660年废止。

来自14世纪的瑰宝

查理大桥小档案

位置：捷克、布拉格市、伏尔塔瓦河

建桥时间：建于1357年

主要数据：桥长520米，宽10米，有16座桥墩

捷克首都布拉格市是一个山清水秀的多桥之城，碧波粼粼的伏尔塔瓦河穿城而过，共有18座大桥横架在河水之上，将两岸的哥特式、巴洛克式和文艺复兴式的建筑连成一体。其中，查理大桥是布拉格人在伏尔塔瓦河上修建的第一座桥梁，距今已有650多年的历史。查理大桥以其悠久的历史和建筑艺术成为布拉格最有名的古迹之一。

被誉为14世纪最具艺术价值的石桥

查理大桥建于1357年，是一座14世纪时期最具艺术价值的石桥，查理大桥就横跨在伏尔塔瓦河上，桥长520米，宽10米，有16座桥墩，大桥两端是布拉格城堡和旧城区，查理大桥是历代国王加冕游行的必经之路。

在桥上可以观赏到艺术家的表演，还有一些手工艺创作表演，这里已经成为布拉格艺术的展示场所，在桥上还可以买到很

多艺术品，比如查理大桥的水彩画，以及身着传统捷克服装和宫廷服装的木偶。

查理大桥是欧洲最古老最长的桥，桥上有30尊圣者雕像，都是出自捷克17～18世纪巴洛克艺术大师的杰作，被欧洲人称为"欧洲的露天巴洛克塑像美术馆"。

现在原件已经保存在博物馆内，大部分已经换成复制品，据说只要用心触摸石雕像，便会带给人一生的幸福，桥上的一尊铜像的某些部位已被游人摸得发亮。

其中桥右侧的第8尊圣约翰雕像，是查理大桥的守护者，围栏中间刻着一个金色十字架位置，就是当年圣约翰从桥上被扔下的地点。

查理大桥使用波希米亚砂岩建造。传说，用来黏合石块的灰浆中加入了鸡蛋，所以大桥非常坚固。虽然这一传说以前一直无

法证实，但是在现代进行了科学实验，通过检验灰浆的无机和有机成分，查理大桥的灰浆中使用了鸡蛋才最终得到了证实。

查理大桥的建造直到15世纪初才完工。为了维护桥梁，征收通行费，起初是由总会设在附近的天主教修会"红星十字架骑士"征收，后来改由老城的市政当局征收。

无价艺术品的现代价值

1903年的查理大桥，标出了马车轨道。20世纪初，查理大桥的交通量急剧增长。1905年5月15日是马车轨道通过该桥的最后一天，此后改为电车，1908年又加上了公共汽车。在第二次世界大战末期，在老城一侧的桥塔入口处设置了路障。

从1965年到1978年之间，各种科学和文化机构通力合作，对该桥进行了大修。桥墩的稳定性得到了保证，所有破损的石块都换上了新石块，沥青路面被移除，此后查理大桥禁止所有的交通形式，使之变成了一座只允许步行通过的桥梁。修复工程花费5000万克朗。

在九十年代，一些人开始批评该桥先前的重建工程，建议进行新的重建工程。

当新千年开始时，在大多数专家看来，赞同先前的重建并非没有瑕疵，但是仍质疑是否有必要更多的骚扰这座桥梁。但是，在灾难性的2002年洪水之后，虽然这次洪水只对桥梁造成较小的损害，捷克政府还是决定对该桥的小城一侧的两个桥墩（8号和9号）进行修复和加固，这是1890年洪水之后仅有的未经过修理的桥墩。洪水加强了支持全面重建该桥者的声音，2005年，桥墩的

修理被认为是重建的第一阶段，特别集中于新建一个系统保护桥梁。整个重建工程在2007年到2010年之间，在不需要关闭桥梁的情况下逐步进行。

2007年7月9日，捷克的查理大桥迎来了她的650岁生日，布拉格举行了隆重的庆祝活动。

此前，捷克邮政部门特别以"查理大桥"为邮票图案发行了一枚"布拉格2008世界邮展"系列小型张，主题为纪念查理大桥建成650周年。

拓 展 阅 读

在历史上，查理大桥曾经遭受过数次浩劫，也见证了许多历史事件。1432年的一场洪水毁坏了三根桥柱。1496年，在一根桥墩坍塌后，第三个桥拱因被水侵蚀而毁坏（修复工程完成于1503年）。在白山战役一年后，1621年6月21日，27名反对哈布斯堡王朝的造反领袖在此处死，遇难者被斩下的首级悬挂在老城桥塔，以恫吓捷克人，阻止他们的反抗。

103

独一无二的摆式大桥

盖茨亥德千禧桥小档案

位置：英国、盖茨亥德、泰恩河

建桥时间：建于1996年

主要数据：桥长520米，宽10米，有16座桥墩

盖茨亥德千禧桥是一座倾斜桥，横跨英国泰恩河，该桥可以通过两端的压力扬吸机进行旋转，以便让过往的小型船只通过，而这一创新技术也让其设计者在2002年赢得了建筑界权威的斯特林建筑设计奖。

泰恩河畔的明眸

"一桥飞架南北，天堑变成通途；缩千里为咫尺，连两地成一家。"这是媒体对英国盖茨亥德千禧桥的评价。一座桥，连接着熟悉和陌生，梦想和归宿，过去与未来，还有生命的开端与终结。

清冽的海风从泰恩河掠过，带来北海上独特的气息，将英格兰的薄雾渐渐吹散，一座如明眸般眨动着的桥，唤醒了沉睡的泰恩河，他就是泰恩河上最年轻的桥梁——盖茨亥德千禧桥。河北边是泰恩威尔郡的首府，历史名城纽卡斯尔，泰恩河南岸则是旧工业重镇盖茨亥德，历史上这里的兴衰和工业革命休戚与共。

1996年，当地政府举办了一次桥梁设计竞赛，要建一座世界级桥梁，重新启动泰恩河两岸的后工业现代化转型，而,这次桥梁设计竞赛的要求，首先就是必须跟环境协调融洽，必须和当时现有的桥梁相呼应，与当地具有的悠久而美丽的历史背景相匹配，其次是为千禧之年创立一个标记，并能帮助促进大河两岸的复兴与繁荣。

就这样，在泰恩河上，一座以千禧之名建造的新桥踏着新世纪的曙光与世人见面。从空中俯瞰盖茨亥德千禧桥，他就像一只

105

深邃的眼睛，眨动起来带着些许调皮，所以市民们给它取了个通俗的名字——眨眼桥。当华灯初上，绚丽的霓虹照亮了泰恩河，盖茨亥德千禧桥就像一只美丽的蝴蝶翩翩起舞，它创造了英国工程学上的又一个新纪录，全球第一座也是唯一的一座摆式大桥。

颠覆桥梁设计的新纪元

整座大桥由两个巨型抛物状拱架组成，一个拱架做成桥的面板，另一个用来支撑它，两个拱架坐落在大河两岸的混凝土底座上，每一个底座都有一个轴承座，可以使桥梁在40度范围内旋转，大桥两边各有三台55千瓦液压泵，协助大桥进行倾斜运动，它们由复杂的电脑系统来控制，以确保桥梁两边的连杆的精确伸延，大部分时间里，单臂钢铁拱桥横跨水面，由连接到下层桥面的18根竖琴状的铁索支撑，有船驶来时，整个桥体便旋转升起，直到两边在空中相距28米。

大桥能在4分钟之内完成升起和降落的全过程，成为城市的标

志性建筑和一道亮丽的新风景。

英国盖茨亥德千禧桥是一座倾斜桥，专为行人和骑自行车的人们通行。该桥横跨在英格兰的泰恩河上，这座弧形桥可以升起来，它是通过压力扬吸机来进行旋转，以便让船只通过。

当它升起来让船舶通过时，桥与上面的弧形拉索看起来就像一个巨大的眼睑，当地人亲切地称这座桥为"眨眼桥"。这是一百年来在泰恩河上建设的第一座开闭式大桥。

人类在桥梁建筑学上经历了很长时间的磨炼，最初架在小河之上的桥是用木头、绳索和石头等材料简单搭建起来的。而如今的桥已经不单单是供人们日常谋生必需的通道，而是一种艺术、一种景观。

拓 展 阅 读

　　盖茨亥德千禧桥不是一般的直桥，而是弯成一个弧形，索塔也不是直立的，而是倾斜状的，通过几十组钢索将桥面固定，当大型轮船通过时，该桥还可以将主桥向上拉起50米的高度，让大型船只从下面通航。大桥根基深达30米，建造时共用了19000吨混凝土，而建桥时又使用了足以生产64辆双层巴士的钢筋，因此大桥坚固非凡。

现代蹦极运动的发源地

克里夫顿悬索桥小档案

位置：英国、布利斯托尔市、埃文峡谷

建桥时间：设计于19世纪30年代，于1831年开始动工，于1864年建成通车

主要数据：主跨为214米

跨越布里斯托埃文峡谷的克里夫顿悬索桥，是世界上最早的大跨径悬索桥之一，该桥有214米的主跨，而当时能够用作主缆的铁链的强度和密度之比，只有现代高强钢丝的1/5，因此这是一个很了不起的大跨径。

世界悬索桥的鼻祖

克利夫顿悬索桥是世界上最初的悬索桥，建筑师为布鲁耐尔，该桥采用维多利亚实用建筑风格，而且建于悬崖边上，所以其两边的拉锁几乎没有弯曲。克利夫顿悬索桥横跨埃文峡谷，跨度达214米，桥的外观具有当时的时代特征，当时建筑师布鲁耐尔希望用一座壮观的大桥与当地宏伟的自然环境相协调，并且桥塔的设计受埃及建筑的启发，但是由于缺乏资金，吊桥直到布鲁耐尔死后才完工。

在英国，布鲁耐尔的最后一项工作是建造横跨布里斯托尔埃文峡谷的克里夫顿悬索桥，这项工作在他死后才得以完成。尽管有人建议应像查莱的桥一样，用缆索悬吊桥面，而布鲁耐尔更愿意仿照泰尔福德的设计使用铁链，大桥建设时间很长，1831年开始动工，但由于缺少资金而频频拖延，终于在1842年停工了，铁链也出售了，在布鲁耐尔1859年去世后，土木工程师学院的成员们组成了建桥队伍，他们重新使用布鲁耐尔1845年所建的悬索桥拆除的链子，克里夫顿悬索桥于1864年通车，跨越1214米长的巨大的埃文峡谷，当时只通行人和马车，而现在已经把它改作成四车道桥梁。

桥面上的人行道只有一米宽左右，站在桥上向下看，桥下的一切都显得那么渺小，站在克里夫顿悬索桥上，可以鸟瞰整个城市，眼界格外的开阔。

蹦极运动因它为世人所知

克里夫顿悬索桥是现代蹦极跳的发源地，1979年4月1日，英国牛津大学"危险运动俱乐部"的4名成员，在布里斯托的克里夫顿悬索桥上表演了世界上最早的蹦极跳，冒险俱乐部成员从当地约75米高的克里夫顿桥上利用一根弹性绳索飞身跳下，拉开了现代蹦极运动的帷幕。

说到蹦极，也叫机索跳，是因克里夫顿悬索桥而新兴的一项非常刺激的户外休闲活动。跳跃者站在约40米以上（相当于10层楼）高度的桥梁、塔顶、高楼、吊车甚至热气球上，把一端固定的一根长长的橡皮条绑在踝关节处然后两臂伸开，双腿并拢，头朝下跳下去。绑在跳跃者踝部的橡皮条很长，足以使跳跃者在空中享受几秒钟的"自由落体"。当人体落到离地面一定距离时，橡皮绳被拉开、绷紧、阻止人体继续下落，当到达最低点时橡皮绳再次弹起，人被拉起，随后，又落下，这样反复多次直到橡皮

绳的弹性消失为止，这就是蹦极的全过程。

但蹦极跳的真正发扬光大是在新西兰。早在1988年，A·J·贺克特和克里斯·奥拉姆在新西兰成立了第一家商业性蹦极组织反弹跳跃协会。贺克特更是从埃菲尔铁塔上跳下，因而更加引起了世人对蹦极跳的兴趣。

同年，约翰·考夫曼和他的弟弟在美国加利福尼亚州也成立了一个商业性的蹦极机构。约翰本人就是被电视上的蹦极表演吸引到这个行业中来的，在不到三年的时间里，他们就吸引了1万6千人，每人花费99美元来参加蹦极跳，并逐渐把蹦极发展到大桥式蹦极、飞机式蹦极等多种形式。

1990年，约翰兄弟又开创了热气球蹦极跳并大力推广这一运动。到目前为止，世界上有很多国家都已建立了蹦极跳运动基地，例如新加坡、日本、加拿大、澳大利亚以及一些欧洲国家。1997年5月1日，蹦极跳首次传入中国。

拓展阅读

世界最高的蹦极点位于美国皇家峡谷悬索桥，高达321米；第二高的蹦极点在澳门旅游塔，高达233米；第三高的蹦极点在瑞士韦尔大坝蹦极，高达220米；第四高的蹦极点在南非东开普省齐齐卡马山中一座名为布劳克朗斯的大桥之上，高度为216米。

古罗马的高空引水建筑

加尔桥小档案

位置：法国、加尔省、加德河

建桥时间：建设于公元前19至20年

主要数据：高49米，长269米

加尔桥位于法国南部加尔省，是一座三层的石头拱形桥。它是古罗马帝国时期修建的高空引水渡槽。加尔桥跨越加德河，将水引至尼姆，再分至公共澡堂、喷泉和私人住宅。为古罗马公共卫生生活做出了重要贡献。1985年联合国教科文组织将加尔桥作为文化遗产，列入《世界遗产名录》。

不以交通便利为目的，确是当时最为实用的建筑

在奥古斯都全盛时期，当时古尔南边的尼姆是在罗马的统治之下。奥古斯都在此建立了一个城镇，公元前19—20年，阿格里巴占有这个城镇及周边地区。

当时，城内有许多天然泉水，但要保证城内居民的饮用水得到足量的供应，还必须从尼姆以北50千米外修建渠道，将泉水运送到目的地，加尔桥便是这一工程中很小的一部分。

许多渠道是修在地下的，经过周密谨慎的计算和设计，使其

112

有高低不平的段落。这就是运用一个简单的地势落差避免了安装、设置压力系统来作为排除水流动过程中的障碍和促进水流动的动力。位于地表的一段横渠需跨越加德河，于是加尔桥被建造。它是这输水管道的一部分，当然，也是跨越加德河的通道，供敞篷双轮马车、行人通行。

据史料记载，建筑加尔桥全部使用就地取材的石灰岩，最大块石厚0.5米，长两米多，重约6吨。

起初，加尔桥的建设主要是为了向古罗马大都会尼姆城提供清洁的饮用水。18世纪中期拓宽加尔桥下层为高架桥，19世纪在拿破仑三世执政时期进行修复，是古罗马建筑艺术中的一件无价之宝，具有很高的艺术和使用价值，观赏性强，令人回味无穷。

1985年被列入《世界遗产名录》。

独特构造，鬼斧神工

加尔桥共三层。中、下层是支撑桥体和通行桥，最上层为封闭水渠，十分奇特壮观。建筑该桥全部使用就地取材的石灰岩。在长达50千米的水渠建筑中，古罗马人除普遍利用拱形建桥以外，还娴熟地运用了连通管原理让水渠跨越山谷。

这座历经了洪水、战乱和社会变迁的桥梁至今依然保存完好，1958年千年一遇的洪水水位曾达到渠桥的第二层，造成35人死亡，然而该桥却安然无恙，不能不令人惊叹古罗马建筑师们的

鬼斧神工。

　　加尔桥的设计在桥梁和水利工程史上都很有特色。桥的底层桥墩完全建立在河床岩石上，为减轻洪水侵蚀、冲击，设计者特别在每个桥墩 上游方设计了一个三角形的分水墩结构，以减轻对桥的冲击，并且曾挖凿河床以利洪水从桥孔通

　　过。令人惊奇的是底层6个拱门中，只有一个跨越了那尔河，而且每层的拱门都不是一样的。

　　这一建筑杰作是法国的重点保护对象。因其建筑工程技术的典范作用及其非凡的历史见证作用，法国政府于1840年就将该桥列为"历史建筑"加以保护，并多次进行了修复。1985年7月"加尔桥"被联合国教科文组织列入《世界遗产名录》。

　　建筑水槽是罗马时代城市建设的特点之一。加尔桥的建成与使用有近500年时间，至今保存良好。它是罗马水道桥中规模最大的一座。充分体现了罗马帝国建筑的辉煌气势和精湛的工艺技能，被人们誉为建筑上的"最崇高的乐章"。仔细观察会发现，整个水渠未用一丝半点的砂浆来固定，完全凭借古罗马工程师的精湛技艺，将一块块重达6吨的巨石堆叠起来，有的石块突出在外，构成一个个图案，目的是以后修缮时支放脚手架。

该桥长度是下短上长，但从横断面看，却是下宽上窄，十分符合力学原理，有利于桥的稳固。此外，下层桥拱大，利于泄洪，上层拱小，则便于建造和减轻桥体重量。而桥拱是独立的全弧拱形相互连接，有较强的稳固性。

如今的人们在加尔桥边划船戏水晒日光浴，真是一幅生生不息的永恒画面。顶层上已经不通水了，替代的是不息的人流，不过空间很窄，要是遇上对面过来的人，则需横身贴壁才能通过。

1985年，加尔桥被列入《世界遗产名录》并得到了全方位的保护，而且登上了五欧元纸币。每年来自世界各国的游客过百万，这使得它名列法国参观人数最多的十大景点之一。

拓 展 阅 读

塞哥维亚的高架引水桥是一座奇特的桥，由一个个高大的石拱门构成，分上、下两层，连绵不断伸向远处。原来，这就是古罗马人建于公元1世纪末2世纪初的高架引水桥。高架引水桥从遥远的雪山引水到阿尔卡萨城堡，全长15千米，有166个拱门，它由2万多块大石头堆砌而成，石块间没有任何水泥等灰浆类物质黏合，现在仍能坚固完好，实在令人叹为观止。

第一座用金属制成的桥

英国铁桥小档案

位置：英国、科尔布鲁克代尔、塞文河

建桥时间：建设于1779年

主要数据：高15.8米，宽5.5米，跨度为30.5米，全部用铁浇铸

十八世纪在大环境发展的情况下，矿业及铁路工业等领域被人们逐渐认识了解。1708年创造的碎煤机的鼓风炉是发展焦炭工业前的预示。连接铁桥峡上的桥是世界上第一座用金属制成的铁桥，它大大推动了科学技术和建筑学的发展，是18世纪英国工业革命的象征。

它的出现预示着时代的变革

建于1779年的英国大铁桥是一个拱形结构，跨度30.5米，高15.8米，宽5.5米，全部用铁浇铸，有好几百吨重，重量与罗德岛的巨人像可相抗衡。作为世界上同类大建筑中的第一座，英格兰的科尔布鲁克代尔的塞文河上的大铁桥有一种完全适合18世纪的古典的匀称和雅致，可它预示了将要出现的事物。

这在当时是个富有组织的工程，它是其对构思设计者——

铁器制造商的技术和勇气的一曲颂歌。来自什鲁斯伯里的托马斯·法诺·伯里卡特是一位建筑师兼桥梁设计师。他在1773年向他的委托人约翰·威尔金斯逊提出了这项工程，约翰·威尔金斯逊在当地和威尔斯都有铁厂，他是一位铁器的推崇者，绰号叫"铁疯子"威尔金斯。他头戴一顶铁帽子，造了第一批铁船，死后安放在一口铁棺材里，墓前有一块纪念他的铁制方形纪念碑。他帮助计划开始实施。科尔布鲁克代尔铁业巨头年轻的阿伯拉罕·达贝也加盟此事，其他重要的合伙人有色拉爱德华特布莱克威——后者成为科尔波特的瓷器厂创始人之一。另外还有格斯特家族中的两位成员。

达贝厂于1777年开始浇铸桥的拱肋和桥面的构件。主要的拱肋每根重达5.1吨，桥梁是由伯里卡特设计的，他于当年晚些时候去世了，但这座桥同样，甚至更多地归功于达贝和他手下人的技

术和经验。这座桥梁如木结构一样，是预制后再行装配的，用互相扣住的接头的楔子，而不是焊接起来的。

1779年在不中断河上交通的情况下，花了几个月的时间把大桥树立起来了，陆上道路还需建造桥面和铺设，最后大桥1781年元旦通车。这座优美单跨桥的跨度为30.5米，重量稍高于384吨，它不仅在当时引起人们很大的兴趣和好奇，直到现在还是如此，人们都来观看它；艺术家用画笔描绘它；它也是当时铁器制造商与他们新技术的强有力的广告，这无疑正是他们所希望的。

在桥的北端出现了一个一周一次的市场。一直到现在，每周五都是很兴隆的，而且随之一个叫铁桥镇的小镇发展起来。1795年大桥毫无损伤地经受了塞文河上的一场可怕的洪水，除铁桥外，河上其他石桥都遭破坏，这件事给人们留下了深刻印象，于是科尔布鲁克代尔的工厂开始接到更多的铁桥订单了。

屹立百年终成人类发展史的见证

在20世纪70年代当地政府对大桥进行了整修。现在成为乔治铁桥博物馆群的中心建筑，这个博物馆群也是世界钢铁业传统的展示厅，它包括科尔布鲁克代尔铁器博物馆，在老科尔波特厂的瓷器博物馆和一个设在兹克雷文·邓尼尔工厂里的装饰瓷砖博物馆，以及一个重建的19世纪90年代的布里斯特·希的工业小镇，吸引人的展品有阿伯拉罕·达贝一世用焦炭炼铁的熔炉，后经改选用于浇铸大铁桥的部件等。早在大铁桥横跨塞文河之前，科尔布鲁克代尔就已经是一个工业中心了。

很难想象，一个僻静的山谷，处处林茂丛深，一个完全生态自然的地方竟然和现代工业密切相关。200多年前这里是英国的冶铁中心，下面静静的塞文河见证了工业革命兴起和繁荣。18世纪七八十年代，这里冶铁和陶瓷工业可以说是世界领先，当年一船一船的焦炭、铸铁、陶瓷就从赛文河开锚驶向欧洲各地。

拓 展 阅 读

自1986年铁桥被列名为英国的第一个世界遗产保护地，迄今已是25周年了，相比其他的世界遗产保护地的游人之喧嚣，宣传之铺天盖地，这里俨然铅华洗净，返璞归真！值得一提的是，拱顶下方有一个人脸，只有站在桥下方某个特定的位置才能看到。

延伸到海底的大桥

厄勒海峡大桥小档案

位置：丹麦 / 瑞典、哥本哈根 / 马尔默、厄勒海峡

建桥时间：于1995年动工，2000年完工

主要数据：总长度16千米，宽度23.5米，最长跨度490米，桥下净高57米

厄勒海峡大桥全程跨度16千米，连接丹麦的哥本哈根和瑞典第三大城市马尔默，于1995年动工，2000年5月完工，是目前世界上已建成的承重量最大的斜拉索桥。

大桥的咨询设计工作由丹麦的科威和瑞典的VBB两家公司共同承担。大桥从马尔默出发，海峡中建造了一座人工岛，靠近哥本哈根的一段是铁路与公路合用的海底隧道，因此大桥由三部分组成，其中8千米桥梁、4千米人工岛上公路、4千米海底隧道。

通往欧洲的大桥

厄勒海峡通道工程全长16千米，其中西侧海底隧道长4050

米，宽38.8米，高8.6米，位于海底10米以下，由5条管道组成，他们分别是两条火车道、两条双车道公路和一条疏散通道，是目前世界上最宽敞的海底隧道；中间的人工岛长4055米，将两侧工程连在一起；东侧跨海大桥全长7845米，上为4车道高速公路，下为对开火车道，共有51座桥墩，中间是斜拉索桥，跨度490米，高度55米，是目前世界上已建成的承重量最大的斜拉索桥。

　　厄勒海峡大桥是一条行车铁路两用，横跨厄勒海峡的大桥。大桥、隧道两者结合，其长度是全欧洲行车铁路两用的大桥隧道长度之最。这条大桥连接丹麦首都哥本哈根和瑞典城市马尔默这两个都会区，而欧洲E20公路则在桥上经过。

　　厄勒海峡大桥获得国际桥梁与建筑工程协会颁发的"杰出建筑工程奖"，用以奖励它在工期、环保等方面的成就。正式通车前，丹瑞两国举行了隆重的庆祝仪式。该桥被称为"瑞典通向欧洲的大桥"。大桥的开通，将使北欧地区成为欧洲著名的教育、科研和商业中心。厄勒海峡大桥的通车，使瑞典和丹麦人民近100多年的梦想变成了现实。

　　哥本哈根市与瑞典的马尔默隔厄勒海峡相望，厄勒海峡是20世纪最繁忙的水道之一。据统计，1956年，有1100万旅客从厄勒海峡经过，1967年时达到2400万人。

反向思维创造出来的大桥

　　一直以来，我们的固定思维就是大桥是建立在海上的，从来没有人想过将大桥建在海下，厄勒海峡大桥就是在这种想法中诞生的，独特的构思，让传统意义中的大桥，海底隧道，人工岛巧妙的结合，让大桥成为世界上十大奇特大桥之一。

　　其建造与大贝尔特桥类似，在海峡中建造一座1.3平方千米的人工岛，为避免干扰飞向哥本哈根国际机场的飞机航线和为国际航运留出通行水道，靠近哥本哈根的西端为铁路与公路合用的海底隧道，东端则为公路和铁路合用桥。

　　其中人工岛土石岛地处丹麦；岛上有一段隧道，长4050米，当中3510米在海底下，而两端则各有270米的引道。在岛上，两条铁路线位于行车路的下方。

　　大桥桥面和水平面间有一段高57米的空间供船只航行，不过绝大多数的船只往来都使用杜洛格敦海峡，即隧道所在的地方。

整条大桥的设计由奥雅纳事务所设计。

　　厄勒海峡大桥的东桥建有200米高的中央桥墩和57米高的船舶通过空间，保证过往海峡的船只从桥底顺利通行。

　　大桥工程经过两国政府的认真论证和调查研究，对确保大桥不影响进入波罗的海的水流及减少对海洋生物破坏等都作了严格的规定。

　　厄勒海峡大桥西部的起点哥本哈根国际机场早就进入了各项前期准备工作。如扩建机场、修建连接市中心的公路、铁路，建设新的国际列车站。一系列的基础设施建设使哥本哈根国际机场进一步提高知名度和扩大客货流量，进一步加强丹麦、瑞典两国和它们与欧洲大陆的联系。

　　大桥完工后，它所连接的丹麦东部地区和瑞典南部地区将成为北欧及波罗的海地区国际性都市群最密集、经济最活跃、文化交流最频繁的地区。大桥建成后两岸的交流量增加了4倍，而丹麦迁往瑞典的人数也翻了六番。

拓 展 阅 读

　　这座造型独特的大桥，耗资不菲，而它的建造费将由大桥的通行费收回，所以，大桥的通行费也是比较高的，各种车辆平均的通行费达到约32欧元，即使收费较高，但是这座桥在欧洲人民的心中还是非常崇高的，同时也成了遨游欧洲的游客的必到之处，在这里行驶，就像穿越海洋世界一样，让人心旷神怡。

混凝土斜拉桥的祖先

马拉开波桥小档案

位置：委内瑞拉、马拉开波市、马拉开波湖

建桥时间：于1958年动工，1962年建成

主要数据：桥长8.7千米，宽17.4米，塔高86.6米，跨径235米

马拉开波桥，也叫马拉开波湖桥和乌尔塔内塔将军桥，位于南美洲国家委内瑞拉的第二大海港城市马拉开波市。大桥连接马拉开波湖东西两岸，将马拉开波湖周边地区的公路网连为一体，是世界上第一座公路预应力混凝土斜拉桥，第二座现代斜拉桥。

该桥为六塔双索面稀索体系双箱单室预应力混凝土箱梁斜拉桥，24组拉索从塔顶拉向桥面，桥塔纵向为A形，横向为门字形，下塔柱另有X形墩向上支撑桥面。

马拉开波桥主桥共有5孔，跨径235米，宽17.4米，塔高86.6米，梁高5.4米，最高处距水面45米，全桥长8.7千米，由意大利结构专家、工程师莫兰于1957年设计，1958年动工，1962年建成通车。

为纪念独立战争时期的英雄乌尔塔内塔，当地人把这座大桥称为乌尔塔内塔将军桥。大桥是马拉开波湖湖区一景，对马拉开

波地区的经济发展有着重要意义，是当地人的骄傲。委内瑞拉曾在1963年发行了"马拉开波大桥落成一周年纪念"邮票。

为世界桥梁史写下光辉一笔

马拉开波桥的成功修建，开创了预应力混凝土斜拉桥的先河，它的建成为大跨度预应力混凝土桥的发展开辟了新途径，使被一些人称为莫兰第桥式的桥形结构在世界各地得到普遍采用。

马拉开波桥在结构上的特点为：预应力混凝土斜拉悬臂加挂梁；主桥墩支承一个连续的预应力混凝土梁，梁两端悬臂伸出桥墩外，其伸出端部分以斜拉索系于A形塔架顶部，组成一组独立的悬臂结构；两组悬臂端之间搁以挂梁，最终形成连续桥面结构。

事实上，莫兰第曾经提出跨径395米的拱桥方案，该方案为增加纵向刚度，将拱上主柱布置成倾斜方式，但最后因为地质条件

所限未能修建。

　　不过，这一仿意大利马来拉高架桥的拱上立柱纵向倾斜布置方案，最终在意大利的多姆斯河桥上得以实施。1962年成功修建的斜拉桥，结构新颖，令人赞叹，设计者莫兰第也因此在国际桥梁界享有盛誉。

　　现在提起斜拉桥的发展史，马拉开波桥将会毫无悬念地入选经典之作。我国著名桥梁专家唐寰澄先生，曾经在台湾明文书局出版的由其所编著的《桥梁建筑艺术》一书中说，莫兰第对于马拉开波桥的设计思路，是从英国的福斯桥受到启发的，但是形成了比福斯桥更简洁明确的结构系统，使人获得新的美的感受。

　　唐先生认为莫兰第利用预应力钢筋混凝土材料的特点，巧妙地组合了抗拉、压、扭三种力的布置。这是见仁见智的推测，但

正如唐老先生所言，很多新结构都是从旧结构中提取出合理的部分，再采用新材料、新技术，从而达到创新的目的。

桃源似的过渡焕发着无限的青春

据载，1498年，哥伦布第三次航行到美洲。次年，阿隆索·德奥赫达率领一支探险队发现马拉开波湖沿岸的风光和土著居民的水上住宅酷似意大利威尼斯，故定名为"委内瑞拉"，意即"小威尼斯"。

委内瑞拉位于南美洲大陆的北端，北临加勒比海，是拉丁美洲地区经济较为发达的国家之一，航空事业相当发达，是世界上重要的石油生产国和输出国，于1974年6月28日与我国建交。

马拉开波湖位于委内瑞拉西北部沿海马拉开波低地的中心，属构造湖，湖口较窄，内里较宽，是南美洲最大的湖泊，面积

13380平方千米，是大海与大陆的融会。马拉开波湖为世界上产量最高、开采最悠久的"石油湖"。

马拉开波市位于马拉开波湖西岸，是一座新兴的石油城市，也是苏利亚州的首府，是1918年随着马拉开波湖石油的开发而发展起来的。

从湖的东西两岸眺望湖面，只见井架林立、油管密布、油塔成群，景色十分壮观，游人在此可以充分地感受到油田的美丽风光，这和中国内陆新疆的油田风光完全不同，处处都会让人感觉到湖水和海湾之美。

湖上的马拉开波桥是南美洲跨度最大的桥梁之一，每当夜幕降临，桥上灯光亮起，让人感觉这个富饶的城市很是繁华。

当地人这样比喻，马拉开波湖的形状就像是个朝加勒比海开

口的钱袋，湖口的马拉开波桥是扎着袋口的绳子，湖底和四周埋藏的全是石油和美元。

然而，这个巨大的聚宝盆如今却陷入了污染的困境，污染源主要来自三个方面：含盐量增加、石油渗漏和生活污水的排放。不过，当地政府已经制定了详细的治理规划，再过几年，当治理规划全部实施后，马拉开波湖这个委内瑞拉的聚宝盆将重新焕发青春，变得更加富饶。

拓 展 阅 读

1967年4月6日23时58分，一艘货船的船长打起了盹，船在通过时马拉开波桥撞上了134根桥柱中的一根，3辆汽车掉下桥面，造成7人死亡。1997年和1999年，对该桥进行检测时发现拉索的锚具中有水，同时还有拉索滑移变位的现象，并且每根拉索和锚具都有腐蚀，不过，该桥已于2000年进行了索力调整等安全维护。

展现巴西迷人的落日

儒塞利诺库比契克大桥小档案

位置：巴西、巴西利亚、帕拉诺阿湖

建桥时间：于2002年12月15日建成通车

主要数据：桥长1200米，桥梁宽24米，有3个长度为240米的拱跨，钢拱高61米，通航净空18米

儒塞利诺库比契克大桥，亦被称为ＪＫ总统大桥，或简称为ＪＫ大桥，横跨巴西利亚联邦区帕拉诺阿湖。大桥主跨结构由直插帕拉诺阿湖底的四个桥墩支承，桥面重量由高达61米、对角交错排列的三跨不对称钢拱支承。桥面板由在桥身两侧交错排列、构成扭曲抛物面的钢绞线悬吊着。

新颖的设计，特殊的含义

儒塞利诺库比契克大桥亦被称为JK总统大桥，横跨巴西利亚联邦区帕拉诺阿湖。这是为纪念儒塞利诺·库比契克·德·奥利维拉而命名的，正是这位巴西前总统，在50年代后期决定兴建巴西利亚作为国家的新首都。大桥设计者是建筑师亚历山大·陈及结构工程师马里奥·维拉·沃德。该桥线条简洁，造型独特，是世界上最美的大桥之一。2010年4月21日巴西邮政发行《巴西利

亚50周年：梦想与现实·建筑与古迹》个性化邮票小全张一枚，其一为儒塞利诺库比契克大桥。

儒塞利诺库比契克大桥的创新设计，打破人类思想中对称美的固定思维，采用独特的不对称效果，达到更加完美的视觉审美体验。桥上三个钢拱结构支撑起1200千米长的桥梁。由建筑师亚历山大·陈设计，他希望避免采用直线的桥面，以突出巴西利亚迷人的落日。大桥主跨结构由直插帕拉诺阿湖底的四个桥墩支承，桥面重量由高达61米、对角交错排列的三跨不对称钢拱支承。桥面板由在桥身两侧交错排列、构成扭曲抛物面的钢绞线悬吊着。全桥结构总长为1200米，耗资5680万美元。大桥还设有方便自行车和滑板通行的人行道。

JK总统大桥下的帕拉诺阿湖则是位于巴西首都巴西利亚东边，马拉尼翁河和维尔德河汇合而成的三角地带上，是由拦河筑坝而形成的人工湖，面积达40多平方千米，地处高原，气候宜人。由巴西著名设计师科斯塔设计。

又一颗璀璨的巴西钻石

巴西利亚为巴西首都，现代化新兴城市，位于巴西高原上，南纬15° 41′。位于中部戈亚斯州境内，马拉尼翁河和维尔德河

137

汇合而成的三角地带上。海拔1100米，东南距里约热内卢900千米，南距圣保罗865千米。

巴西过去曾在萨尔瓦多城和里约热内卢建都，两地都是海滨城市。1822年独立之后，巴西政府出于政治、经济和战略安全的考虑，曾设想在内地创建新都。134年后的1956年，总统库比契克确认巴西利亚为国家中心并作为首都，做出迁都巴西利亚的决定以加快内地开发，从26个设计方案中选定了卢西奥·科斯塔教授的飞机型平面布局为蓝图。

1956年11月动工兴建，由建筑师奥斯卡·尼米叶尔设计建造，在短短的三年半时间里就建设起一个崭新的首都。1960年4月21日巴西正式迁都巴西利亚，起初人口不足20万，随后大量外来移民涌入，人口急剧增加，成为全国最大城市之一。

在开城仪式上，库比契克总统激动地落泪。为了纪念这位巴西利亚的开拓者，1981年在巴西利亚市中心的高坡上建造了库

138

比契克总统的纪念馆，馆内收藏着这位总统生前用过的物品，陈列着许多巨幅照片，向人们展现了当时建设巴西利亚时的动人情景，令人无限神往。市区的中轴大道也被命名为"库比契克总统大道"。还有横跨巴西利亚联邦区帕拉诺阿湖的大桥也被命名为儒塞利诺库比契克大桥。

为纪念成千上万为巴西利亚建设付出辛勤汗水的劳动者，巴西利亚市政府在三权广场上竖立了一对手执钢钎的铜人塑像，他们默默无语地守卫在那里，注视着这座城市的变化和发展。

拓 展 阅 读

1987年，巴西利亚市被列入《世界遗产名录》，当时世界遗产委员会给予巴西利亚高度的评价：它是城市设计史上的里程碑。城市规划专家卢西奥·科斯塔和建筑师奥斯卡·尼迈尔设想了城市的一切，从居民区和行政区的布置到建筑物自身的对称，它表现出城市和谐的设计思想，其中政府建筑更是表现出惊人的想像力。故有"世界建筑艺术博物馆"的美称。

横空出世的南美长虹

尼特罗伊大桥小档案

位置：巴西、里约热内卢

建桥时间：始建于1968年，1974年通车

主要数据：全桥长13.7千米，双行车道各宽26.4米

尼特罗伊大桥始建于1968年，1974年通车。该桥为南美最长的跨海大桥。全长13.7千米，双行车道，各宽26.4米。桥对面是尼特罗伊市，过桥时可浏览里约市风光。尼特罗伊大桥像长虹一样，横空出世。这是世界上最长的跨海大桥之一。

里约热内卢的城市名片

1973年修建而成的双向六车道14千米长，连接里约热内卢和尼特罗伊市的跨海大桥，像跨海长虹一样，横空出世。这是世界上最长的跨海大桥之一。

此桥已为里约一景。尼特罗伊市上世纪60年代前，曾经是里约热内卢州州府所在地，1960年首都从里约迁往巴西利亚后，里约州府也从尼特罗伊迁到里约。

在建桥之前，两市居民来往很不方便，需乘坐游船。建桥后，海湾变通途，每天来往大桥车辆多达11万辆。这座大桥不仅

连接起了两城，也由于它的造型独特，雄伟壮观，逐渐被外界认为是里约热内卢的新地标。

桥的一面是尼特罗伊市，另一面是里约热内卢，行走在桥上，不仅可以感受桥下的波光粼粼，聆听游轮发出的汽笛声，还可以领略两座现代化城市的优美景观，海岸两侧花繁树茂，生机勃勃。

尼特罗伊跨海大桥犹如贵妇人颈上的珍珠项链，蜿蜒在碧波荡漾的大海里，把两处美丽的大陆连接在了一起。大海边，山脚下，各色建筑错落有致，鳞次栉比。现代化的高楼大厦和样式别致的别墅小楼交相辉映，绿色的足球场和青翠的直升机停机坪点缀其中。

大桥的附近聚集了里约热内卢乃至巴西的很多著名胜地，像巴西中央文化中心、翁吉娜海滩、蓝岸公园、圣路易斯历史中心、卡

皮瓦拉山国家公园等众多国家级游览胜地，这些景观在海湾的两侧交相辉映，夹在中间的尼特罗伊大桥显得更加伟岸，尊贵。

里约故事

"里约"是南美洲巴西的海滨城市"里约热内卢"。也许这个名称对于中国人来说太拗口了，因此我们都习惯简称它为"里约"。

"里约热内卢"来自葡萄牙语，意为"一月的河"（其实是一个海湾），是一个充满诗情画意的词，因为一月是里约的盛夏季节，阳光灿烂、鲜花盛开，山清水秀，游人如织。

尼特罗伊大桥坐落在里约热内卢，又为这个旅游胜地增添了一份光彩。

里约热内卢有这样一个故事，一个富人问躺在沙滩上晒太阳

的流浪汉："这么好的天气，你为什么不出海打渔？"

流浪汉反问他："打渔干吗呢？"

"富人说："打了鱼才能挣钱呀。"

流浪汉问："挣钱干吗呢？"

富人说："挣来钱你才可以买许多东西。"

流浪汉又问："买来东西以后干吗呢？"

富人说："等你应有尽有时，就可以舒舒服服地躺在这里晒太阳啦！"

流浪汉听了，懒洋洋地翻个身，说："我现在不是已经舒舒服服地躺在这里晒太阳了吗？"

这也许是个笑话，但里约人的态度就是这样：悠闲、懒散、自得其乐。的确，在里约这样得天独厚的城市，美食、美景，最好的一切就在手边，你还能要求什么呢？

但是，如果这就是你理解中的里约的全部，也许你就错过了里约最深刻的东西。

巴西人说，"上帝花了六天时间创造世界，第七天创造了里约热内卢。"

花费了上帝整整一天时间的里约热内卢绝不是一个外表美美头脑空空的木美人，在它无限旖旎的外表下，另有一种复杂在流动。

里约海滩的人行道是用黑色和白色的石子铺成的，两种对比

最鲜明的颜色，不加任何修饰或者过渡，直截了当地被摆在一起。这就是里约的方式，不欢迎中庸之道，只愿意接受两极的碰撞。有趣的是，这种碰撞的结果并不是一方毁灭或压倒了另一方，双方反而直愣愣地胶着在一起，分不开也合不拢。

在这里，极端贫穷和过度奢华肩并肩地存在着，贫民窟堂而皇之地盘踞在本该是富人聚集的半山腰上，身无分文的流浪汉与腰缠万贯的富翁并排躺在科帕卡巴纳海滩上分享海浪、阳光和沙滩。

在里约，你可以在城市里找到森林，也可以在乡村找到高楼大厦；人们不停地抱怨、示威，但是街头欢快的桑巴舞却从未停过；市长们来来去去，却无法改变这个城市。里约是无法用一个词来形容的，因为总是可以在这里找出它的反义词。

拓展阅读

巴西狂欢节被称为世界上最大也是最奔放的狂欢节，在巴西各地的狂欢节中，最负盛名的是里约热内卢狂欢节。盛会期间，全城上下倾巢而出，人们不分肤色种族、贫富贵贱，都潮水般涌上街头，男女老少个个浓妆艳抹，狂歌劲舞，尽情宣泄。艳丽的服饰、强劲的音乐、火辣辣的桑巴舞让人流连忘返。

147

今非昔比的格蒂

塔科马海峡大桥小档案

位置：美国、华盛顿州、塔科马海峡

建桥时间：1950年10月14日

主要数据：全长1822米，主跨853米，通航净空17.15米

塔科马海峡大桥位于美国华盛顿州的塔科马海峡。第一座塔科马海峡大桥，绰号舞动的格蒂，于1940年7月1日通车，四个月后戏剧性地被微风摧毁，这一幕正好被一支摄影队拍摄了下来，该桥因此声名大噪。重建的大桥于1950年通车，被称为"强壮的格蒂"2007年，新的平行桥通车。

舞动的格蒂

人们希望在塔科马海峡建桥的愿望可以追溯到1889年为北太平洋铁路建造栈桥的提议，但直到20世纪20年代人们才达成一致意见。1923年，塔科马商业总会开始竞选活动并

发行债券。一些著名桥梁的工程师，包括金门大桥的总工程师约瑟夫·斯特劳斯和麦金纳大桥的建造者大卫·斯坦曼被召集商量桥梁的建造方案。斯坦曼提出的几项商会基金方案1929年得到通过，但1931年议会决定取消协议，理由是斯坦曼在筹集资金方面"不够积极"，此外还有一个问题是筹集的资金还要用来买断一家私营渡轮公司在塔科马海峡的渡河业务独家经营权。

塔科马海峡大桥的建造计划最终在1937年得以继续，华盛顿州立法机关制定了该州的桥梁税征收方案，并拨款5000美元研究塔科马市和皮尔斯县对塔科马海峡建桥的需求。从一开始，资金问题就是最大的问题，拨款并不足以支付建桥成本。但是大桥的建设却得到了美国军方的大力支持，因为大桥的建成将大大方便海军在布雷默顿的造船厂和陆军在塔科马的军事基地的交通。

华盛顿州的工程师克拉克·艾尔德里奇提出一个初步计划，桥梁必须通过严格的实验并使用常规设计，资金则由联邦政府公共工程管理处（PWA）拨款一千一百万美元。但是来自纽约的工程师莱昂·莫伊塞夫上书联邦政府公共工程管理处，认为他可以花更少的钱建桥。原先的建设规划要求将7.6米深的钢梁打入下方的路面使之硬化。莫伊塞夫——著名的金门大桥的受尊敬的设计师和顾问工程师，建议采用2.4米深的浅支持梁。他的方案使钢梁变窄，并且使大桥更优雅，更具观赏性，同时也降低了建造成本。最终莫伊塞夫的设计方案胜出。1938年6月23日，联邦政府公共工程管理处批准了600多万美元的拨款用来建造塔科马海峡大桥。另外160万美元将通过收税筹集，最终的建造成本为800万美元。

149

使用浅支撑梁的决定最终在不久的将来被证明是造成桥梁坍塌的重要原因。2.4米的支撑梁并不足以使路基拥有足够的刚度，从而使大桥经不住风的侵袭。从一开始，大桥的振动就使之声名狼藉。轻度至中度的风就可以导致大桥来回摇摆，因此大桥被当地居民起绰号叫"舞动的格蒂"。司机在桥上行驶时可以明显感觉到桥的摆动。最终，大桥被风吹垮发生于美国太平洋时间1940年11月7日上午11时，原因是机械共振。在通车使用了短短的4个月之后，塔科马海峡大桥便毁于一旦。

强健的格蒂

在塔科马海峡大桥坍塌后不久，美国政府便开始筹备新的塔科马海峡大桥的建设，新桥位于华盛顿州16号干线，依然跨越塔科马海峡，结构由悬索桥变为双悬索桥，全长1822米，主跨853米，通航净空57.15米。

现在的西行桥采用开放的桁架和加固的支柱设计并重建，并

且开设通风孔让风通过。它于1950年10月14日通车，全长1822米——比原先的桥长12米。它和与之平行的东行桥共同组成了目前美国第五长的悬索桥。因为造成前桥坍塌的共振问题已经被新设计所解决，所以当地居民给予了大桥新的绰号——强健的格蒂。当西行桥刚造好时，它是世界第三大悬索桥。像其他现代悬索桥一样，西行桥由尖锐的钢板而不是原先平边钢板建成。大桥日车流量为6万辆次。建成之初，它东西两向同时通车，直到东行桥于2007年7月15日正式通车。

1998年，华盛顿州几个县的选民通过了一项议案，决定建造一座新的大桥。新的大桥将是一座东行桥，与原先的大桥平行，2002年10月4日开工，2007年7月竣工，建成后，原先的大桥将只作为西行桥使用。

拓 展 阅 读

塔科马海峡大桥的坍塌事故发生在一个此前从未见过的扭曲形式发生后，当时的风速大约为每小时40英里。这就是力学上的扭转变形，中心不动，两边因有扭矩而扭曲，并不断振动。这种振动是由于空气弹性颤振引起的。颤振的出现使风对桥的影响越来越大，最终桥梁结构像麻花一样扭曲变形，使钢梁发生断裂。最终桥面承受不住重量而彻底倒塌了

151

北美洲的雄狮

狮门大桥小档案

位置：加拿大、卑诗省、布拉德内湾

建桥时间：于1937年3月31日动工，1938年11月14日启用

主要数据：全长1517.3米，连同北引道则为1823米，主跨为472米，桥塔高度为111米，距离海面高度则为61米

狮门大桥，位于加拿大卑诗省内的一条悬索吊桥，横越布拉德内湾，连接温哥华市中心及北岸市镇（北温市，北温区和西温区）。大桥隶属卑诗省1A级99号公路，是大温地区内的一条重要交通动脉，亦是温市的主要地标之一。它的名字来源于桥北岸山脉中的双狮峰。狮门大桥是目前世界上最长悬索桥之一，设计者是设计旧金山金门大桥的建筑师。

身强体壮的雄狮

温哥华狮门大桥，是大西洋港交通网的众多路线之一，大桥原来是吉尼斯家族的家庭财产，后来被加拿大政府收归为国有资产，已经成为联系北温哥华地区和西温哥华地区的主要交通枢纽。但是70年的发展使得狮门大桥早已无法满足交通运输的需要，交通部门将原来的两车道改为三车道，用信号灯控制其上午

双车道进城而下午双车道出城，对缓解交通拥堵起到了一定的作用，但大桥仍然是交通拥堵的瓶颈地区。

加拿大人对自然和历史建筑的保护意识非常的强烈，任何对狮门大桥改建或扩建的计划都会引来一致的抗议，甚至在旁边另修一座大桥的计划也不能出台，因为新桥会影响狮门大桥原有的景观，狮门大桥是当年的英国国王剪彩通车的大桥，这在加拿大已经是重要的文物级建筑。

狮门大桥的这三条行车线，中央行车线可转换方向以迎合交通流量的变化。由于行车线和行人通道过于狭窄，当局于2000年开始更换桥面。每条行车线由3米扩阔至3.6米；行人通道则由1.2米扩阔至2.7米。工程于2001年完工。吉尼斯家族在1938年投资700万加元建造。设计使用寿命50年，现在已超过24年。

狮门大桥北岸的富人区依山傍海，环境十分优美。为了配合

绿化，桥上座椅的颜色由原来的红色而改为了绿色。

温哥华的交通缩影

温哥华的夜晚也是繁忙的，站在远处眺望狮门大桥，犹如一条火龙，以其雄伟气势和独特风格在一瞬间就会印入人们的脑海中。

这座名震北美的悬索大桥，因为与美国旧金山的金门大桥是同一设计师和同一造型，而被称为小金门桥，其轻盈、优美的设计，宛如一条长虹横跨在温哥华巴拉德湾海峡出口，连接着西温哥华和北温哥华地区，是繁忙的港口城市温哥华的标志性建筑。

狮门大桥是1938年吉尼斯家族投资600万加元建造的，后被温哥华政府购买。经济的发展和城市的发展，使狮门大桥的日交通量负载超过了百分之四十，由于从北温哥华海岸进入西温哥华城只有两条通道，为缓解上下班、进出城汽车堵塞的状况，交通部门调整路标，缩小车道宽度，将原设计为两车道的桥面改成了三车道，同时采取了变线管理方式。

为了从根本上解决西温哥华和北温哥华地区的交通问题，该

市政府曾经想改造，扩宽狮门大桥桥面，或建造新桥，或建造海底隧道。但是这些构想遭到大多数市民，特别是绿色组织的反对。因为这些改建必须要砍伐两岸的树木和占用大片绿地，温哥华的市民认为这些都是他们的共同财富，不能失去。正因为如此，温哥华被誉为森林中的城市，城市中的森林。最终，通过多年的商议，终于决定扩宽桥面以缓解交通压力。

近70年过去了，已超过24年设计使用寿命的狮门大桥依然风度翩翩，只身横跨在巴拉德湾海峡出口。因地制宜的管理手段和良好的交通秩序，以及其他多种交通运输方式的补充，形成了西温哥华和北温哥华两地区畅通的交通，为当地社会和经济发展做出了突出的贡献，狮门大桥可谓功不可没。

拓展阅读

在20世纪30年代，为了开发北温哥华和西温哥华，以酿酒闻名的吉尼斯家族在1938年投资600万加元建造了这座桥。主要为了开发他们于1931年以7万元购自西温哥华的4700英亩土地，及后期在西温哥华建造的一个很大的购物中心——公园皇家商城和很多住屋项目。

图书在版编目（CIP）数据

桥梁壮美大全景 / 赵喜臣编著. -- 长春 : 吉林
出版集团股份有限公司，2013.10
　（图解世界地理 / 刘厚凤主编. 第2辑）
　ISBN 978-7-5534-3277-9

　Ⅰ．①桥… Ⅱ．①赵… Ⅲ．①桥－世界－青年读物
②桥－世界－少年读物 Ⅳ．①K917-49

　中国版本图书馆CIP数据核字(2013)第226594号

桥梁壮美大全景

赵喜臣　编著

出 版 人　齐　郁
责任编辑　朱万军
封面设计　大华文苑（北京）图书有限公司
版式设计　大华文苑（北京）图书有限公司
法律顾问　刘　畅
出　　版　吉林出版集团股份有限公司
发　　行　吉林出版集团青少年书刊发行有限公司
地　　址　长春市福祉大路5788号
邮政编码　130118
电　　话　0431-81629800
传　　真　0431-81629812
印　　刷　三河市嵩川印刷有限公司
版　　次　2013年10月第1版
印　　次　2020年5月第3次印刷
字　　数　118千字
开　　本　710mm×1000mm　1/16
印　　张　10
书　　号　ISBN 978-7-5534-3277-9
定　　价　36.00元